au D̃r Hubert
Hommage de Sympathie
[signature]

L'ENSEIGNEMENT SUPÉRIEUR

ET LES

UNIVERSITÉS CATHOLIQUES

APPROBATION DE L'ORDRE.

Nous, avons lu, par commission du T. R. P. FAUCILLON, *Provincial de la Province de France, l'ouvrage du* R. P. DIDON, *Lecteur en S. Théologie, intitulé :* L'ENSEIGNEMENT SUPÉRIEUR ET LES UNIVERSITÉS CATHOLIQUES. *Nous n'y avons rien trouvé de contraire à la foi et aux mœurs ; et nous pensons qu'il peut apporter quelque lumière dans une question pleine d'actualité.*

Fr. A. VILLARD,
DES FR. PR.
Maître en S. Théologie.

Fr. El. CESLAS BAYONNE,
DES FR. PR.
Lecteur en S. Théologie.

Imprimatur : Fr. Th. FAUCILLON,
PROVINCIAL DES FR. PR.

Paris, Couvent de Saint-Jacques, 1ᵉʳ décembre 1875.

LE P. DIDON
DE L'ORDRE DE SAINT-DOMINIQUE.

L'ENSEIGNEMENT SUPÉRIEUR

ET LES

UNIVERSITÉS

CATHOLIQUES

PARIS
LIBRAIRIE ACADÉMIQUE
DIDIER ET Cie, LIBRAIRES-ÉDITEURS.
35, QUAI DES GRANDS-AUGUSTINS, 35

1876
Tous droits réservés.

PRÉFACE.

*
***

La question de l'enseignement supérieur et des universités nouvelles préoccupe vivement l'opinion : c'est un signe qu'elle touche à des intérêts de premier ordre. Les politiques, les savants, les hommes de Dieu sont à l'œuvre : de toutes parts on s'inquiète, on s'agite, on travaille. L'heure est aux essais et à la délibération.

Il doit être permis à tout esprit loyal et à tout croyant d'apporter son modeste concours. En émettant quelques idées sur ce grave sujet, nous ne voulons pas autre chose, sinon servir, selon nos faibles forces, la cause de la vérité. Cela même nous semble un devoir.

Au fond de tous ces débats et de tous ces efforts, une grande question doctrinale est en jeu. Nous avons tenté de la dégager et de la mettre en lumière. Si nous y avons réussi, on comprendra que la lice est ouverte désormais à trois doctrines principales qui vont se disputer l'empire : la science positive, la philosophie rationaliste et le christianisme. Les intelligences sont partagées, inquiètes, et, parfois découragées, elles oscillent tristement. On les voit tour à tour décliner vers l'expérimentalisme, ou se retourner vers le rationalisme épuisé, ou réclamer une doctrine religieuse qui, loin d'exclure la raison et la science moderne, les rallierait à la foi.

Cet état d'angoisse et de déchirement, nous l'avons décrit dans les premiers chapitres de cet ouvrage. Sans rien dissimuler de nos misères intellectuelles, nous restons convaincu qu'elles sont guérissables et que, dans cette crise, il y a pour nous les germes d'une résurrection, et non des périls de mort. Nous avons essayé de préciser la nature de l'enseignement supérieur, montré comment il était compris par les trois fractions principales de l'opinion lettrée, et enfin esquissé à larges traits la tâche nouvelle des catholiques, de ceux pour lesquels la religion est la science souveraine destinée à contenir, à embrasser, à résumer toutes les sciences.

Un péril redoutable, l'envahissement d'une science sans principe et sans Dieu, menace la raison et la foi : nous l'avons signalé. Des efforts généreux sont tentés par de vaillants chrétiens pour épurer la science de son athéisme, pour lui donner un nouvel essor et dégager la haute doctrine religieuse des ténèbres où elle est captive : nous avons applaudi à ce saint labeur.

A cette hauteur, les passions et les

querelles de parti s'évanouissent, leurs voix discordantes se taisent, et elles n'empêchent plus les intelligences sincères de s'unir pour écouter la parole tranquille de la raison et de Dieu.

Que toutes les lumières se produisent, que tous les dévouements se concertent : l'œuvre est immense. Ce n'est pas trop, pour l'accomplir, de la sagesse des hommes expérimentés et de l'ardeur des esprits plus jeunes. La prudence sans l'inspiration languit, et l'inspiration sans la prudence s'égare.

Si les idées sont fausses, elles seront combattues : du débat jaillit la lumière ; si elles sont justes, elles feront leur chemin : la vérité triomphe malgré tout, en dépit des intérêts, de l'amour-propre, de la routine et des préjugés, et même en dépit de l'insuffisance de celui qui l'annonce.

On peut entraver le règne de Dieu, on ne peut pas le détruire.

Fr. H. DIDON.

Paris, 30 novembre 1875.

L'ENSEIGNEMENT SUPÉRIEUR

ET LES

UNIVERSITÉS CATHOLIQUES

CHAPITRE PREMIER.

De la situation intellectuelle en France.

Le premier devoir et le premier besoin d'un être intelligent et libre, c'est de se connaître. S'il s'ignore, en effet, comment pourra-t-il se conduire? Et s'il n'a pas la connaissance de ses défauts, comment pourra-t-il se réformer?

Se connaître n'est point chose facile. Le voile qui nous dérobe à nos propres yeux tombe malaisément. Il ne suffit pas toujours de le soulever avec délicatesse, il faut parfois l'écarter et le déchirer d'une main sévère.

Ceci est vrai pour les peuples comme pour les individus.

Or, une des choses qu'il importe le plus de connaître dans un peuple comme dans un individu, c'est l'état et le niveau d'esprit. Tout dérive de là : le caractère et les mœurs, les institutions et les lois, les progrès de la civilisation et la gloire même. Lorsque l'intelligence grandit, tout monte; lorsqu'elle s'abaisse, tout descend : les peuples en qui elle décline ne tardent pas à devenir des peuples conquis, après avoir été des peuples frivoles et corrompus. Quel est donc aujourd'hui, en France, l'état des esprits? Il est indispensable de le rechercher, quand on veut parler, avec quelque compétence, d'enseignement supérieur, savoir ce qu'il doit être, mesurer ses lacunes, indiquer ses réformes.

Nous avons entrepris, dans un premier chapitre, cet examen de conscience. Si nous paraissons sévère, qu'on nous le pardonne : nous nous efforcerons de n'être que vrai.

Ce qui frappe tous les yeux, c'est d'abord l'anarchie intellectuelle. Qui oserait le contester? Deux principaux phénomènes la révèlent : l'absence de toute autorité doctrinale effective, l'antagonisme des esprits soi-disant émancipés. Il faut qu'on le sache : nous en sommes là, dans notre patrie. Les intelligences s'en vont, en masse, à la dérive, emportées à tout vent de doctrine, sans autorité et sans frein; elles se heurtent les unes aux autres sans trêve, dans une lutte stérile qui est une incurable faiblesse, parce qu'elle empêche toute union et toute organisation.

Eh quoi! était-ce donc ce que voulaient ceux qui, au nom de l'État, ont assumé la terrible mission d'enseigner la jeunesse française? Était-ce le rêve qu'ils caressaient, en fondant l'Université de France et en se réservant, en dehors du droit des pères de famille et de la conscience religieuse, le monopole de l'enseignement à tous ses degrés?

En vérité, il y a de quoi demeurer confondu.

Mais, regardons de plus près cette anarchie ; elle est un des maux les plus graves de notre patrie, un de ceux qui, en compromettant sa destinée, menacent le plus sérieusement son avenir et sa gloire.

Trois grandes autorités peuvent, à divers titres, commander aux esprits : la raison religieuse, la raison philosophique, la raison scientifique. L'honneur de l'intelligence, aussi bien que sa force, n'est point de les secouer, comme on secoue une tyrannie ; l'honneur est plutôt de les respecter et de les subir.

Lorsque l'esprit humain a toute son envergure, on le voit librement soumis à cette triple autorité : il s'incline devant les faits que lui révèle la science expérimentale ; il ne songe point à mettre en doute les lois de la logique, les principes mêmes de toute pensée ; et il regarderait comme une inconséquence et une impiété la négation de parti pris des faits et des doctrines que la parole divine lui enseigne.

Ce qui a fait notre grand siècle, pour ne parler que de notre histoire, ne l'oublions point, ce n'a été ni le scepticisme des faux penseurs, ni le matérialisme des faux savants, ni le mysticisme des faux croyants : c'est à la fois la grande raison religieuse de Pascal et de Bossuet, la philosophie hardie de Descartes, de Malebranche et de Fénelon, la science inventive dont tous ces génies et d'autres, tels que Galilée, Képler et Newton, surent deviner les secrets.

Mais aujourd'hui, en dehors d'un trop petit nombre d'esprits fortement équilibrés, que voit-on? Des savants en révolte ouverte contre ce qu'ils appellent la métaphysique, quelques philosophes en défiance ou en hostilité contre la foi, et des croyants maladroits et aveugles, dédaignant la science, absorbant la philosophie dans la foi ou même l'insultant, parce qu'ils n'en connaissent, sous le nom de rationalisme, que la misérable parodie.

Ainsi, l'antagonisme est profond.

Il y a plus, si l'on pénètre dans les académies de la science, dans les écoles de la philosophie, et sous le péristyle du temple des croyants, là encore on retrouve la guerre. De la division partout, de l'unité nulle part; de la discorde toujours, de l'harmonie jamais; et comme conséquence fatale, l'impuissance d'abord, les ténèbres ensuite, et bientôt le scepticisme avec ses corruptions, présage certain d'une dissolution prochaine qui sera peut-être violente et cruelle, mais, à coup sûr, sinistre et honteuse.

Qu'on y prenne garde, de l'état des esprits, dans une nation, dérive toute la vie. Ce sont les têtes qui font un peuple, et non les bourses. Ce sont les esprits qui commandent, et non les volontés plus ou moins droites. Or, qu'attendre d'un peuple dans lequel les intelligences se révoltent, se divisent et se combattent? Ne voyez-vous pas qu'il est perdu? Il n'aura pas de grands génies; car le génie ne peut éclore que sous la triple inspiration de la raison religieuse, de la raison philosophique et de la raison expérimentale. Il n'aura pas de grands caractères : de tels caractères ont besoin de larges convictions, et l'anarchie mène à tous les scepticismes. Il n'aura pas de lois sages et appropriées à ses besoins : où prendrait-il des législateurs? Il n'aura pas d'institutions durables : rien ne demeure sur ce sol mouvant que le souffle de mille doctrines soulève comme le sable du désert.

On le verra, au gré de capricieuses théories qu'il appelle des principes et qui ne servent souvent qu'à masquer d'égoïstes intérêts, se disputer sur des formes de gouvernement, sur de vains détails de lois; et on assistera au triste spectacle d'hommes prétendus intelligents, et proclamant avec une solennité qui serait risible, s'il ne s'agissait du sort de la patrie, que la France est sauvée, puisqu'elle est en république, ou qu'elle est perdue, si elle n'arrive à la monarchie.

Non, allons au fond des choses : la France sera sauvée, le jour où elle aura, pour la relever et la guider, des esprits complets, tels qu'on en a vu aux meilleures époques de son histoire ; la France sera sauvée, lorsqu'elle aura fait cesser le règne de l'anarchie intellectuelle.

Ce mot est bien loin de peindre la situation des esprits. Nous ne sommes pas seulement en anarchie, nous sommes en scepticisme.

L'effet naturel et inévitable de la guerre des doctrines, c'est l'affaiblissement de la raison. La critique à outrance ne tarde pas à ébranler les convictions qu'elle passe au crible, et à lasser les intelligences qu'elle tient constamment en haleine. Il faut des haltes dans la marche, des trêves à la guerre, sinon les troupes plient et le combattant succombe. Les esprits aujourd'hui semblent sceptiques par lassitude et par énervement :

le doute est pour eux une capitulation. Ne pouvant se résoudre à habiter une forteresse toujours battue en brèche, ils s'en éloignent ; et, après l'avoir quittée, ils se persuadent volontiers qu'elle n'existe pas. Chose étrange et lamentable ! les esprits sont las, énervés, désabusés. On dirait qu'ils héritent de l'accablement et de toutes les tristesses de leurs pères. Le scepticisme devrait être le mal des vieillards : non, il est aujourd'hui le vice précoce des intelligences. On rencontre des jeunes hommes qui, à vingt ans, ne croient à rien : ni à la raison humaine, qui est la première révélation de la conscience, ni à la révélation divine, qui est la raison de Dieu. Philosophie et religion sont pour eux des chimères ; et ils ne craignent pas de professer un absolu dédain pour ce qu'ils appellent les abstractions de la philosophie et les légendes de la religion. Les plus violents nient sans scrupule ces vérités supérieures ; les plus modérés, — et c'est le grand nombre, — s'arrêtent nonchalamment au doute.

Demandons-nous, après cela, pourquoi cette génération est usée ! Étonnons-nous, comme l'Évêque d'Orléans, *qu'il y ait une flamme qui ne circule plus* (1) !

Et où voulez-vous qu'elle s'allume, cette flamme sainte ? Pourquoi me passionnerais-je pour le droit, s'il n'est qu'une chimère de mon esprit ? Pourquoi m'enflammerais-je pour l'idéal, si l'idéal ne répond à rien de réel, s'il n'est qu'une création éphémère de mon cerveau ? Pourquoi déploierais-je toutes grandes les ailes de ma pensée, si vous m'emprisonnez dans ce monde fini, et si une science exclusive, voilant devant moi toutes les perspectives de mes horizons, me refoule dans le cercle borné de ses expériences ? Si je ne suis qu'un être d'un jour, vaut-il la peine que je me laisse aller à rêver d'éternité, à la chanter comme

(1) *Assemblée nationale*, séance du vendredi 4 décembre 1874.

un poëte en qui retentissent les voix de l'Infini ? Non, non, si je viens de la terre, je n'ai qu'à m'y traîner, à y languir, à y ramper ; et, si les cieux sont vides, je serais bien naïf d'en célébrer la gloire. Cet azur attrayant est un piége ; il me semble transparent, et il n'est qu'un voile lugubre sous les plis duquel je n'ai qu'à vivre un instant et à mourir sans espoir.

Tel est l'état d'une grande partie de la jeunesse lettrée du pays, je devrais dire de la classe cultivée et intelligente.

Aussi, regardez autour de vous, cherchez les grands artistes et les grands poëtes, comptez les grands hommes d'État et les grands orateurs, demandez les philosophes au vol hardi et les théologiens initiés à la science divine. Les derniers survivants d'une génération splendide sur laquelle le souffle rénovateur et puissant de Dieu avait passé, disparaissent. Que laissent-ils ? Élie meurt, et personne ne recueille le manteau du prophète. Le char de feu emporte tout dans les régions supérieures que nous avons désertées.

Le travail, qui console de l'absence du génie, est-il du moins en honneur dans cette génération nouvelle? Qui oserait le dire? La mollesse, l'énervement, la paresse, pour nommer ce vice par son nom, ne rendent-ils pas notre scepticisme plus coupable et notre stérilité plus honteuse?

Il est dur d'avoir à exprimer de telles vérités : qu'on nous les pardonne. Fils d'une génération tourmentée, nous sentons trop bien ce qui la dévore pour ne pas la plaindre, l'excuser et l'aimer encore dans ses misères et malgré ses écarts. Il faut bien l'aimer, pour oser lui tenir un tel langage. L'affection seule inspire le courage de ces franchises qui ne dissimulent rien ; seule, elle les autorise. Un étranger, un indifférent qui nous reprocherait nos vices nous blessera peut-être, et nous serions tentés de fermer l'oreille et de l'éconduire.

Un ami nous fera souffrir ; mais il ne nous froissera point. Sous la rigueur des reproches, nous n'aurons pas de peine à deviner et à sentir la plénitude de l'affection. Malheur à ceux qui, dans leurs égarements, n'ont pas mérité le conseil loyal et parfois les réprimandes d'un ami. Un jour, ils voudront se sauver ; ils chercheront le bras qui les pourrait aider à sortir du précipice : ce sera trop tard.

En dépeignant avec vérité, je l'espère au moins, la situation intellectuelle en France, je ne méconnais point les rares qualités de notre génie, et j'applaudis à ses inépuisables ressources. Il n'en est pas de plus actif, de plus impétueux ni de plus rayonnant. Lorsqu'on le voit si mou, si casanier, si terne, on sait bien que ce n'est point là son état normal, et qu'il faut chercher en dehors de lui les influences funestes auxquelles il a cédé, en tombant si bas. Rien n'est moins conforme aux tendances de notre nature que le scepticisme : l'intelligence française est trop lucide et trop logique pour être longtemps la proie du doute. Nous affirmons, nous nions, mais nous ne savons pas rester dans ce milieu ténébreux et indécis du *peut-être* où la raison hésite et se refuse à prendre parti pour ou contre. Le scepticisme ne s'implante que dans les esprits sans lumière, dans les cœurs affadis et dans les volontés sans ressort. Pour grandir il a besoin des ténèbres de l'esprit, des corruptions du cœur et des lâchetés de l'âme.

Est-ce là, en vérité, ce que nous sommes? Non, grâce à Dieu. En dépit de notre mollesse, de notre matérialisme pratique et de la nuit qui s'est faite sur nos têtes, l'intelligence française n'a point perdu ses qualités natives, et jusque dans ses fautes, ses écarts et ses vices, on retrouve les traces vives de son génie. Notre tempérament intellectuel ne nous laissera pas éternellement dans cet antagonisme fatal où la science, la philosophie et la religion se débattent en vain, au grand détriment de leurs progrès mutuels et de la civilisation. L'esprit français n'est pas exclusif; il est, au contraire, hospitalier à toute vérité. Ce n'est qu'en mentant à ses inspirations et en résistant à son cœur expansif qu'il peut se faire le partisan étroit d'un système mesquin. Voilà pourquoi c'est lui, nous l'espérons, qui renouvellera la synthèse dans laquelle toutes les sciences humaines et la science divine se réuniront une fois de plus pour dominer les intelligences, en les éclairant, et rajeunir ce monde qui se fait si vieux.

Hélas! ce jour n'est point encore le nôtre. En attendant, les âmes s'agitent avec des cris d'angoisse dans une lamentable anarchie. Elles s'affaiblissent dans le plus stérile antagonisme; elles s'affaissent énervées dans un doute impie et précoce qui surprend, en pleine adolescence, les esprits naissants, et blesse à mort non-seulement leur foi, mais leur raison. Quant à ceux que n'envahit point la paresse et qui ne languissent pas dans une vie dont le plaisir et l'ennui se disputent les heures ; s'ils ont gardé une certaine activité de pensée, ils désertent les hautes régions de la philosophie et de la science divine : on dirait que de telles sphères sont indignes d'eux. C'est un monde fini ; ils s'en éloignent et se consacrent sans réserve à ce qui résume, d'après eux, tout le savoir humain, la science expérimentale.

Cette étude qui, tempérée par d'autres, serait si féconde, devient, à force d'être exclusive, un péril pour l'esprit qui s'y abandonne. Elle a produit ce qu'on pourrait nommer l'expérimentalisme. J'appelle ainsi cette habitude de l'intelligence tellement enchaînée à la matière, qu'elle ne veut plus rien voir en dehors d'elle, tellement dominée par certaines méthodes, qu'elle n'en veut plus admettre d'autres. Nous sommes en présence d'hommes qui prétendent étudier la pensée, la conscience, les faits de l'âme, comme on étudie le mouvement mécanique et les phénomènes de la matière. Nous avons affaire à des savants qui écartent résolûment du domaine de la science et veulent bannir de la pensée tout ce qui ne tombe pas sous la prise de leurs méthodes. Une telle disposition est peut-être un des caractères les plus fâcheux de l'esprit contemporain.

Qu'on prenne garde à cet expérimentalisme grandissant. Il est la menace de l'avenir. Ses progrès préparent le tombeau de la raison et de la foi : s'il vient à prévaloir, ce n'est pas de Dieu qu'il faudra faire son deuil, c'est de l'homme. On verra tomber du même coup cette philosophie sublime qui rallie les plus grands noms de l'humanité pensante, et cette religion qui comprend toute la portion héroïque et sainte de la famille humaine.

On m'objectera peut-être qu'en condamnant ainsi le mouvement général et trop exclusif qui nous entraîne vers les sciences positives, j'oublie le nombre considérable de ces savants qui, tout en cultivant la science, font à la foi, dans leur cœur, une place souveraine.

Je le sais, il y a des savants chrétiens et spiritualistes; mais, d'abord, ils sont rares; et, ensuite, ceux qui gardent leur foi entière et leur grande raison intacte ne songent point toujours à les mettre en harmonie avec la science. Ils les tiennent soigneusement à l'abri dans le sanctuaire de l'âme, et ils ne les sauvent qu'en les soustrayant à des attaques que leur esprit n'oserait soutenir de front. De tels hommes croient par autorité et par sentiment; ils ne croient point avec tout leur esprit. C'est de l'expérimentalisme encore. En voulez-vous la preuve? Interrogez-les, demandez-leur les motifs de leur foi : ils vous répondront que la foi relève du sentiment, la science, de la raison positive, qu'ils sont croyants par leur âme, savants par leur raison, et que le mieux est de ne point mêler ces deux ordres de vérités qui peuvent se compromettre, en se rapprochant imprudemment.

Gardons-nous d'une pareille erreur. Le temple n'a rien à craindre du laboratoire, ni le croyant du savant. La science et la foi s'appellent comme deux lumières venues d'un même foyer, en traversant des milieux différents. Ne les opposons point : ce serait impie; ne les isolons point par ignorance ou par peur : ce serait une erreur ou une lâcheté; harmonisons-les, sans les confondre, et multiplions la lumière, en rapprochant les rayons.

Il en est des vices de l'âme comme des maladies du corps; ils s'engendrent les uns les autres.

Ainsi, un effet direct de l'expérimentalisme, c'est l'abaissement de l'esprit dans l'utilitarisme. L'utile n'est pas un but; il n'est qu'un chemin. Au lieu de puiser dans la science supérieure des inspirations nouvelles, de lire dans ce livre merveilleux les lois plus merveilleuses de l'âme humaine et les mystères inénarrables de l'Infini; au lieu de chanter, comme Képler, un hymne à Celui qui a écrit, dans l'immensité, en traits incommensurables, son nom ineffable; au lieu de percevoir, suivant le mot de saint Paul, dans les choses créées, *les invisibles de Dieu* (1), et d'écouter la gloire que les cieux racontent de leur auteur, l'esprit fermé aux inspirations d'en haut n'obéit plus qu'aux instincts d'en bas. Ce qu'il cherche, c'est l'application utilitaire de sa science; ce qu'il veut, c'est le bien-être de l'homme; ce qu'il poursuit, c'est son terrestre empire; ce qu'il demande avec frénésie à cette science matérialisée, c'est le plaisir..... et l'argent. Dieu me garde de méconnaître les droits et le rôle de la science! Elle est une des puissances de l'homme. A elle de renouveler la surface du monde et de soumettre à

---

(1) Épître aux Romains.

celui qui en a été créé le roi toutes les forces indomptées. A elle d'adoucir notre condition matérielle ici-bas, de retrouver le paradis terrestre, et d'en forcer l'entrée, pour ainsi dire, malgré le chérubin à l'épée flamboyante.

Toutefois ce n'est là que son rôle infime. L'homme n'est pas un colon échoué sur le sable ingrat d'une planète inhospitalière. Il n'est pas voué à périr sur le sillon qu'il creuse et sous la moisson splendide peut-être qu'il aura fait germer. S'il est un colon, il faut avouer au moins qu'il est un exilé ; et c'est justice que sa science péniblement acquise l'aide à relever la tête, et lui fasse entrevoir quelque chose de la patrie.

Non, ce n'est pas assez pour moi que la science ne s'occupe que de ce qui meurt en moi ; il faut qu'elle s'occupe encore de ce qui survit. Quand elle aura réussi à embellir, à illustrer la terre, ce monde en sera-t-il moins un exil, un lieu de passage et finalement mon tombeau? Quand elle aura réussi à m'entourer de bien-être, à multiplier mes plaisirs, après?..... ne faudra-t-il pas m'élever plus haut, vers le Dieu qui m'appelle et le rivage qui m'attend? Que me dit-elle de ce Dieu? Que me raconte-t-elle de ces rivages? Elle se dit muette; sans doute, elle n'a rien à nous en dire par elle-même, mais est-ce une raison pour les blasphémer? Or la science présente, absorbée par l'utilitarisme, s'enferme dans ce silence qui est une faiblesse, et s'obstine dans ce blasphème qui est une perfidie, et un crime de lèse-religion.

Des jours heureux se lèveront peut-être où des esprits sans préjugés, ne se défiant pas plus de la foi divine que de la raison humaine, de la logique que de l'expérience, feront parler à la science le langage religieux qui lui sied, et que nous avons un si urgent besoin d'entendre.

Quoi qu'il en soit, l'expérimentalisme scientifique semble tenir la tête de l'opinion. C'est lui qui a conquis sur les intelligences de notre âge la plus haute autorité; et, il faut bien le dire, c'est lui qui, en passionnant un grand nombre d'esprits, s'honore par la plus infatigable activité intellectuelle. Tandis que bien des croyants s'endorment à l'abri d'une foi qui a les promesses divines de l'immortalité, mais à laquelle le monde ne saurait appartenir sans le zèle ardent, héroïque même, de ses prosélytes ; tandis que la philosophie, désabusée de ses prétentions à tout pénétrer et lassée par ses systèmes d'erreur toujours combattus, jamais détruits, semble douter d'elle-même et ne suscite plus à son service que de rares et hésitants disciples, la science expérimentale continue ses recherches avec hardiesse, et trouve en ses découvertes le prix de sa constance et de son labeur. Elle n'a plus ces essors merveilleux qui l'ont portée si loin dans les secrets de la nature et qu'elle empruntait à la foi religieuse et à la forte philosophie; mais elle a gardé cette âpreté au travail qui est un honneur pour celui en qui on la rencontre, et un peu de cette flamme qu'on aime à sentir dans ceux qui sont en quête de la vérité.

Sa plus grande insuffisance est de se perdre fatalement dans l'analyse sans fin et dans les études spéciales. Elle tourne à la monographie. Elle ne voit plus la synthèse ; elle s'égare, au grand détriment de la raison, dans un chaos de détails sans nombre. Au lieu de montrer l'unité vivante des phénomènes, elle se contente de les grouper artificiellement ; elle excelle à composer des dictionnaires ou des encyclopédies ; elle s'épuise en efforts stériles pour créer la philosophie des sciences.

Elle n'y parviendra pas.

Tant qu'elle s'isolera de la science divine et qu'elle tiendra pour chimériques les vérités générales et absolues de la raison, elle se débattra dans le dédale des faits et dans le tourbillon des phénomènes ; le lien de l'unité lui sera caché. La loi suprême qu'elle cherche se dérobera à ses regards inquiets ;

elle sera réduite à faire des sciences et non de la science : là sera sa condamnation, son châtiment et son supplice. On aura des géologues, des chimistes, des physiciens, des anatomistes, des physiologistes, des médecins, des juristes, des géographes, des paléontologues ; on n'aura pas le savant. On possédera tous les éléments de la science, mais on n'en percevra pas l'admirable unité ; cette harmonie relève d'une doctrine plus haute, la métaphysique.

De là vient l'état de morcellement où végètent la plupart de ceux qui sont voués au labeur de la science naturelle. Pour les autres, qui n'ont pas fait d'une spécialité l'objet d'études persévérantes, et ceux-là sont le grand nombre, ils sont réduits à leur science professionnelle. C'est dans cette catégorie, qui forme la classe cultivée, qu'on peut aisément reconnaître cette déplorable ignorance dont se scandalisent et se moquent à bon droit les étrangers.

Ne rien savoir et cependant parler de tout,

voilà un des vices les plus signalés de l'esprit français contemporain. La loquacité est, d'ordinaire, en raison de l'ignorance. L'homme qui sait parle peu ; l'ignorant vaniteux qui n'a vu les choses qu'à la surface et qui croit savoir est d'une intarissable faconde. Jamais peut-être, en notre pays, il ne se rencontra moins de science véritable, moins d'instruction solide; et c'est pourquoi, sans doute, jamais on ne parla, on n'écrivit davantage.

Ce ne sont pas même les sophistes qui abondent chez nous, comme au temps de la décadence de la Grèce, ce sont les parleurs, les hommes qui écrivent ou plutôt qui font de la plume et de la parole un métier. Il n'est presque pas de prétendu lettré, qui ne se mêle de traiter de tout, sans avoir étudié rien. Nous avons ce qu'on pourrait appeler les *stylistes*. Que savent-ils? écrire des phrases ou les parler. Ils ont des moules tout faits, et ils coulent là-dedans n'importe quoi. Tel écrivain qui sait peut-être son catéchisme se croira en mesure et en droit de traiter les plus hautes questions religieuses, comme s'il avait pâli dans la science théologique. Tel monsieur qui n'a jamais fait la guerre qu'avec des soldats de plomb ou sur le papier, se mêlera de parler stratégie comme un vieux général. Tel journaliste et tel romancier qui devraient se contenter de rédiger des bulletins politiques ou de nouer d'imaginaires intrigues, joueront à l'homme d'État ou au réformateur. Le plus triste, c'est qu'on prend ces gens-là au sérieux.

Qui donc règne parmi nous? Qui a le sceptre et qui fait mouvoir les esprits? Il faut bien le reconnaître, à notre honte, c'est la parole ; non la parole qui se confond avec la pensée et la vérité, mais la parole vide et sonore, la parole tapageuse qui, au lieu de servir l'idée et d'en préparer le triomphe, s'en est violemment affranchie et est devenue le plus sérieux obstacle à la propagation de la vérité et à l'accroissement de son règne, la parole enfin qui flatte les passions, frappe les oreilles, effleure l'épiderme, mais ne va pas jusqu'à l'âme.

Qu'on fasse taire, si c'est possible, tous ces parleurs de religion, ces apologistes sans mandat qui ne l'ont étudiée que dans les journaux ou dans leur petit esprit, vous verrez combien de préjugés fomentés par ces compromettants et soi-disant défenseurs s'évanouiront d'eux-mêmes.

La pire race d'esprits n'est pas celle des sophistes, mais bien celle des bavards.

Un peuple à la merci de cette engeance est un peuple en déclin. Quand la manie fiévreuse de parler sur tout s'est emparée d'une génération, cette génération est finie. La loquacité, le bavardage ne tardera point à l'assourdir et à tuer, en elle, l'intelligence et l'idée. Qu'elle se taise donc ; et, s'il se peut, qu'en silence elle apprenne à penser.

Tel est, dans ses traits principaux, l'état réel des esprits. Il n'est pas une âme sincère qui nous contredira, nous en sommes sûrs, et qui n'en aura comme nous plus d'une fois gémi. Nous n'avons rien forcé, nous nous sommes contenu, afin que la réserve pût nous permettre la franchise et au besoin l'excuser.

Qui donc nous a mis là ? Certes, ce n'est point notre nature. Il y a trente ans, il y a soixante-dix ans, au dix-huitième siècle même, nous n'étions point là; au dix-septième nous avons étonné le monde par la clarté de notre génie, par l'audace de nos découvertes, par une harmonie de langage que la Grèce et Rome ont seules connue avant nous. Encore une fois, qui nous a amoindris, qui nous a déformés ?

La question vaut la peine d'être examinée et résolue. Il y va de notre avenir comme race, comme peuple, comme religion. J'essayerai d'y répondre.

CHAPITRE II.

De la cause principale de l'abaissement du niveau intellectuel en France.

Si l'anarchie s'est déchaînée parmi nous, si l'antagonisme des intelligences est devenu plus ardent, si le scepticisme philosophique et religieux a conquis tant d'âmes lassées ; avant même d'avoir agi, si la science expérimentale a exercé sur un grand nombre d'hommes un empire tyrannique, si l'ignorance, la pire de toutes, celle qui ne se connaît pas, parce qu'elle est voilée par de superficielles connaissances, si l'ignorance, dis-je, est devenue un fait presque général dans les classes soi-disant lettrées, et si une déplorable loquacité a pris la place du langage plein d'idées et de force qui honorait notre génie, à qui la faute? où est le coupable? Qu'on le découvre et qu'on le poursuive.

Je le sais, rien n'est plus délicat et plus difficile que de remonter aux causes. Les phénomènes se constatent aisément, les causes se dérobent, elles sont enveloppées; elles ne s'étalent point à la surface, elles restent dans la profondeur. Notre intention n'est pas d'énumérer toutes celles qui pourraient expliquer le fait si complexe de l'abaissement du niveau intellectuel en France; nous nous bornerons à signaler et à étudier la principale, celle du moins qui nous semble y avoir le plus directement coopéré.

On peut sans témérité, et même à coup sûr, affirmer que l'esprit humain est d'ordinaire tel qu'on le forme. « Donnez-moi l'instruction pendant un siècle, disait Leibnitz, et je changerai le monde. » Ce grand génie savait bien que l'intelligence mène les choses, et il n'ignorait pas quelle action profonde l'instruction exerce sur l'intelligence. Or, qui possède la puissance d'instruire en France? De qui dépendent les programmes? Qui s'en est réservé, à tous les degrés, le monopole? Depuis soixante-dix ans, l'État seul est le maître; il a gardé pour lui le droit absolu, je ne dis pas de l'instruction, mais des programmes. C'est lui qui a dit aux pères de famille : « Vos fils apprendront ceci et cela, s'ils veulent arriver aux postes éminents que je puis leur offrir. Ils subiront sur telles et telles matières les examens que j'aurai déterminés dans mon autorité souveraine. » On a obéi. Depuis soiante--dix ans, avec une fidélité et une constance dignes d'une meilleure cause, les générations successives ont été frappées à l'empreinte de l'Université (1). C'est donc à elle qu'il faut demander compte du résultat;

(1) Nous tenons à exprimer une fois pour toutes, qu'en combattant *doctrinalement,* en cet ouvrage, les programmes de l'enseignement officiel, nous restons plein de respect pour un corps professoral dans lequel se rencontrent des hommes du plus grand mérite et souvent d'une grande foi.

après plus d'un demi-siècle, l'expérience doit être faite ; et si l'instruction officielle devait donner des fruits, ces fruits doivent être mûrs.

Quels sont-ils ? Nous n'avons, pour les reconnaître, qu'à consulter l'état intellectuel de notre génération lettrée : elle est là sous nos yeux, telle que nous l'avons dépeinte au premier chapitre de cet ouvrage.

L'anarchie, l'État l'avait-il voulue ? L'antagonisme, la pulvérisation des esprits en lutte les uns contre les autres comme des molécules arrachées à un organisme détruit, cet antagonisme, l'avait-il voulu ? Était-ce une race sceptique en philosophie et en religion qu'il avait dessein de former ? Son but était-il de détourner peu à peu les intelligences des grandes régions de la pensée philosophique et religieuse pour l'absorber dans les mathématiques et les sciences de la terre ? N'avait-il en vue que de créer des ingénieurs et des mathématiciens, et d'arracher le sceptre aux hommes de la haute science religieuse, philosophique et morale, pour le livrer aux hommes de la science inférieure? Se proposait-il de multiplier les hommes superficiels qui ont tout effleuré et rien approfondi, qui dissertent sur tout et ne raisonnent sérieusement sur rien? Voulait-il faire de la France un théâtre où l'on s'amuse, un laboratoire, une usine, un marché et un comptoir ? Alors, il est en plein succès, et il peut s'applaudir : tout cela existe ou est en voie de se produire. Le régime d'instruction qui a cours, nous pousse à ce résultat; et il faut que l'aveuglement soit bien grand, pour que les hommes chargés de veiller à la supériorité intellectuelle de la patrie s'obstinent à ne point encore ouvrir les yeux. Au premier cri d'alarme jeté par les catholiques inquiets des doctrines matérialistes dont retentissaient certaines chaires, et revendiquant la liberté de l'enseignement supérieur, plusieurs travaux parurent sur la réforme de l'enseignement officiel. Mais on se bornait à réclamer des réformes financières, à signaler l'insuffisance de l'outillage matériel, et personne, sauf quelques voix perdues et sans écho, ne songeait à modifier les programmes, ni à changer la direction. Il y a des heures dans la vie des peuples, comme dans celle des individus, où la puissance est aux ténèbres. L'écueil est debout, menaçant, terrible : le pilote regarde et ne voit point.

Il n'est pourtant pas difficile de démontrer que ce qui est devait être ; le seul examen de l'enseignement supérieur tel qu'il est donné à la jeunesse suffit à nous prouver, en effet, la fatalité de ses résultats désastreux.

D'abord, la religion y est complétement étrangère; c'est une lacune irrémédiable et qui met la foi en danger. Ne faisant plus partie des programmes de l'instruction supérieure, la religion ne tardera pas à disparaître, du moins comme doctrine, de l'intelligence des élèves ; or, je ne crains pas de l'affirmer, si la religion perd dans l'esprit de la jeunesse lettrée la place à laquelle elle a droit, c'en est fait : aujourd'hui elle est bannie de l'esprit, demain elle le sera du cœur ; elle restera comme un sentiment plus ou moins respectable, une pratique sans honneur, une puissance énervée, et, à coup sûr, sans action efficace. Si robuste qu'il soit, l'arbre déraciné est vite desséché. N'attendez de lui désormais ni les fruits ni l'ombrage; il n'est bon qu'à mettre en pièces et au feu. Or les racines de la religion, c'est la doctrine ; et, vous le voyez bien, l'enseignement supérieur les supprime.

Il n'est pas d'entreprise plus funeste contre la foi de la jeune génération qui demain sera la classe dirigeante. J'aimerais mieux les plus franches attaques que cette négligence totale de l'élément religieux. Une attaque ouverte, violente, susciterait au moins des défenseurs; et tous ceux qui ont le culte de leur religion se lèveraient pour la repousser : cette négligence les endort; n'en voyant pas toujours le péril, ils l'acceptent, et les chrétiens eux-mêmes deviennent les complices inconscients de quelques grands coupables qui n'ignorent point, eux, le moyen sûr de saper par la base une religion qu'ils ont juré d'anéantir.

Mais quoi? voulez-vous qu'en un pays composé de rationalistes, de juifs, de protestants, de catholiques, l'État introduise dans ses programmes un élément religieux sur lequel tous ses sujets sont divisés? Est-ce possible? Je ne demande rien à l'État, sinon de s'abstenir; et puisque la neutralité le contraint de biffer de ses programmes la religion comme doctrine, qu'il nous laisse la liberté. Ceux qui font de la religion la plus haute des sciences ne seront pas du moins forcés de subir un enseignement qui ne répond ni à leur raison ni à leur foi.

Mais non, à défaut de religion, l'instruction officielle prétend nous donner une philosophie spiritualiste qui doit en tenir lieu. Une telle philosophie, en effet, inspire ses programmes et a trouvé dans le corps professoral officiel d'illustres représentants. Il n'est même point sans gloire pour la France et les belles années du dix-neuvième siècle, d'avoir vu des hommes du plus grand talent combattre et vaincre le matérialisme de la fin du dix-huitième siècle. Si pâle que soit le soleil, et si voilée que soit l'aube du matin, mieux valent encore ces lueurs indécises que la nuit froide et l'ombre d'un tombeau. Toutefois n'exaltons pas trop les mérites de cette philosophie spiritualiste. Quelque sublime qu'elle puisse être, elle n'est point une religion : en fait, elle n'est que la pensée et la sagesse de l'homme; elle n'est ni la pensée ni la sagesse de Dieu. Cette pensée et cette sagesse de l'homme étaient, d'ailleurs, courtes par plus d'un endroit, et il s'en fallait bien que la génération soumise à son empire y trouvât la fermeté, la plénitude et l'harmonie sans lesquelles l'intelligence ne saurait prétendre à gouverner le monde.

Trois grandes lacunes peuvent être signalées dans la philosophie spiritualiste dont l'Université de France aime à se faire gloire. Je les indiquerai avec franchise et mesure, car je ne voudrais, ni par un silence timide ni par un excès de langage, trahir ou compromettre la vérité; et je montrerai que de telles lacunes sont la cause principale des désordres que nous avons constatés dans l'état actuel des esprits.

Le premier vice de la philosophie spiritualiste a été un isolement et même un antagonisme systématique à l'égard de la révélation. Cet antagonisme s'est produit sous des formes diverses, vives ou tempérées, explicites ou latentes, suivant les hommes et les circonstances. Tantôt il n'était qu'un scepticisme respectueux, tantôt une hostilité déclarée. Parfois tel philosophe se donnait comme un allié du christianisme, et parfois, pronostiquant sa ruine, en y prêtant les mains, il le déclarait suranné, et dépassé par la philosophie. Un jour on se flattait de rééditer, avec Platon, une nouvelle préface humaine de l'Évangile; un autre jour, on ne craignait pas d'écrire *Comment les dogmes finissent*. Cependant, sous ces attitudes diverses, une idée fixe se retrouvait : l'indépendance et la souveraineté absolue de la raison. Bien qu'une telle idée ne se produisît pas toujours, elle se laissait deviner. Il était impossible, en effet, qu'au fond, ce spiritualisme ne nourrît pas une hostilité sourde et plus ou moins avouée contre le christianisme; car l'idée mère du christianisme est que la raison a un maître, ce maître est Dieu, et Dieu a, parmi les hommes, un enseignement qui est la parole du Christ.

Cet antagonisme a divisé tous les croyants de ceux qui s'intitulaient rationalistes, et l'anarchie a pu voir ses premiers fruits. Hélas! quand la division intervient quelque part, elle ne s'arrête plus; ce qu'elle touche, elle le broie et le pulvérise : l'engrenage est implacable, il faut que tout y passe.

La parole de Dieu est la force et le salut de la raison. Dès lors qu'on répudie cette parole, attendez-vous à tous les égarements et craignez toutes les ruines.

L'histoire malheureuse du rationalisme est là pour le prouver. En même temps qu'elle se séparait de la révélation et se constituait plus ou moins son adversaire, la philosophie spiritualiste, mal prémunie contre elle-même, se voyait impuissante contre ses propres écarts. Dans son sein, de formidables problèmes se posaient; quand la raison soulève de tels problèmes, il n'y a plus qu'à les résoudre, ou à périr. Le scepticisme reparut avec un des penseurs les plus éminents de notre âge, Théodore Jouffroy : le scepticisme resta le maître. Le panthéisme s'infiltra avec les rêves germaniques dont M. Cousin se fit l'apôtre par trop zélé. C'était plus qu'il ne fallait pour apporter le trouble dans l'édifice que l'on croyait inattaquable, et pour ébranler notre pauvre raison. Séparée de la révélation, elle espérait enfin être souveraine; elle n'était qu'impuissante, blessée et révoltée; elle ne sut pas distinguer l'affranchissement de la révolte, et comprendre que la révolte était sa ruine. On ne saura jamais les effets délétères de ces luttes intestines de la raison sur la jeunesse de ce siècle. Était-il possible, en vérité, que le doute n'envahît pas ces âmes désorientées dès la première heure, à la vue de cette doctrine incomplète et de ces maîtres divisés? Était-ce donc la peine de secouer le joug d'une révélation qui, du moins, raffermissait les intelligences en leur imposant des dogmes sublimes, pour tomber sous le joug d'une raison affaiblie qui ne savait pas se défendre contre elle-même? Ce que les maîtres ne pouvaient faire, les disciples avaient-ils l'espoir de l'accomplir? Un immense découragement, une lassitude maladive s'empara de toute une génération.

Si encore, à la vue de ses propres infirmités, la raison se fût tournée du côté de la nature et de l'expérience pour y chercher un appui et une diversion ! Que dis-je ? Si, fidèle à son rôle, elle avait su diriger le mouvement des sciences positives, et les ramener à l'unité ! Mais non, affaiblie, impuissante, elle resta étrangère aux sciences de la nature; elle se consuma dans ses analyses psychologiques, et vécut repliée sur elle-même, comme les brahmanes écoutent, la tête penchée sur leur poitrine, le murmure de leur vie.

Ce fut une troisième faute qui devait avoir les plus tristes résultats.

Pendant qu'elle s'oubliait ainsi dans ce stérile travail d'analyse psychologique, un courant général, en partie provoqué par la réaction contre une philosophie insuffisante, entraînait les esprits vers les sciences d'observation et d'expérience. Des hommes intelligents, forts de leurs découvertes, crurent trouver dans cette nouvelle région une certitude, une unité, une fécondité que la philosophie rationnelle ne pouvait et n'avait pu leur fournir; ils s'insurgèrent contre elle et répudièrent la métaphysique au nom des sciences, la raison au nom de l'expérience, les principes absolus au nom des faits. Cette terrible et nouvelle opposition grandit sous nos yeux. Elle est une des plaies les plus profondes de l'esprit en notre siècle; et d'où vient-elle surtout, sinon de ce rationalisme qui, trop longtemps dédaigneux des sciences, a provoqué de leur part l'hostilité et le mépris? L'antagonisme ne peut engendrer que l'antagonisme; or, nous venons de l'établir, la philosophie spiritualiste qui a été l'âme de notre enseignement général et plus spécialement de l'enseignement supérieur était livrée à un triple et fatal antagonisme : le premier l'opposait à la Religion révélée et au catholicisme en particulier; le second allumait la guerre civile à son foyer même; le troisième la mettait aux prises avec les sciences de l'ordre inférieur.

Dans cette lutte déplorable et qui n'est pas à la veille de finir, c'est la raison qui a le plus perdu; c'est elle qui va s'affaiblissant de jour en jour. La Religion se réfugie dans le cœur des croyants ; elle fait appel à son infaillible autorité, et elle trouve là une sorte de terrain neutre où elle échappe à la mêlée, un roc où elle est inébranlable et peut défier la tempête ; mais ce qui triomphe, c'est la science positive. Elle se croit bientôt assez puissante, pour dédaigner la philosophie et la reléguer, avec la religion, hors du domaine des choses sérieuses, dans le pays des chimères. L'esprit public semble envahi par ce dédain funeste que tout concourt à favoriser ; et il suffit, pour nous en rendre compte, de jeter un nouveau coup d'œil sur la nature de notre enseignement supérieur. Voyez quelle place les sciences mathématiques ou naturelles occupent dans les programmes ! Voyez quelles carrières variées, éclatantes, lucratives, elles ouvrent à ceux qui veulent s'y adonner ! Pour la carrière militaire, les sciences ; pour la carrière de l'industrie, les sciences ; pour la carrière médicale, les sciences ; pour la carrière du professorat le plus recherché, les sciences encore. Les lettres ne vous ouvrent que la magistrature ou le barreau, et une section de l'enseignement. Et encore, qu'est-ce que ce programme des lettres, quand on l'examine au point de vue religieux ou au point de vue philosophique? Il ne peut donner que des lettrés secondaires, des humanistes, à peine des rhéteurs ; il ne saurait produire de vrais philosophes. Il pousse à la science des mots, plus qu'à celle des choses : il fait des esprits superficiels et non des penseurs ; il aboutit aux hommes de parole, au lieu de former les hommes de la doctrine.

Il est certain que, si on faisait le dénombrement des candidats formés par les programmes scientifiques et des candidats qui suivent les programmes littéraires, on serait effrayé de l'infériorité numérique des derniers.

Pour peu que l'État continue de mener dans cette voie la génération dont il persiste à se faire l'instituteur, en se réservant toujours, sinon la fonction d'instruire, du moins celle de fixer les programmes, avant un demi-siècle la philosophie sera morte en France, et la raison, absorbée dans un expérimentalisme bas, sera anéantie, et irrémédiablement peut-être. Ce n'est pas impunément qu'on agit par l'instruction sur l'esprit de tout un pays; il ne faut pas attendre plus d'un quart de siècle, avant d'en voir les résultats. Ces programmes qui ont l'air inoffensifs et bien respectueux pour une religion dont ils ne s'occupent pas, par respect sans doute, fidèles à un spiritualisme auquel ils ne croient que modérément, parce qu'il ne gêne rien et qu'il est de bonne mise, tout remplis d'une science qu'on prise tant, parce qu'elle est le principe de tous nos progrès matériels, ces programmes sont la filière et le laminoir.

Ce qui me confond, ce n'est pas de voir des sceptiques qui ne croient plus à la raison, des hommes sans foi qui ne voient dans la religion qu'un symbole extérieur, se faire les partisans d'un tel système, c'est de voir des chrétiens, des catholiques n'en pas apercevoir les terribles effets. Ils se soucient peu de modifier l'outillage : ce qu'ils demandent, c'est que l'État n'ait pas seul le privilége de s'en servir. Ils veulent détruire ce monopole ; ils ambitionnent, eux aussi, de tourner la roue ; et ils en ont maintenant la permission. — Eh ! croyants honnêtes, quand bien même vous ferez marcher le laminoir, de vos propres mains, l'empêcherez-vous de broyer et de façonner à sa guise le métal précieux qui est l'âme de vos fils ?

Ce n'est pas l'ouvrier qu'il importe de changer, c'est le mécanisme.

Il est encore intact. Vous avez désormais le pouvoir de le mettre en branle. Fort bien. Mais, quand vous auriez conquis, à votre tour, le monopole, sachez-le, si vous aviez le malheur de ne rien changer aux programmes, vous verriez, sous vos yeux, et à votre grand scandale, sans doute, sortir de vos mains une génération sans haute religion doctrinale et sans philosophie, des esprits sans idées, et par conséquent verbeux et vides, ou bien des savants sceptiques, des ingénieurs et des marchands.

En vérité, quand on a derrière soi un passé glorieux qui oblige et dans lequel on ne sait ce qu'il faut admirer le plus, des grands théologiens ou des grands philosophes, des grands orateurs ou des grands généraux, des grands écrivains ou des grands savants, lorsque, pour tout dire en un mot, on s'appelle la France, il y a mieux à faire qu'à recommencer Carthage ou à copier New-York.

CHAPITRE III.

De la situation doctrinale du Catholicisme en France.

La religion catholique n'est pas seulement une Église, c'est-à-dire une institution organisée hiérarchiquement et disciplinée comme une armée; elle est un dogme, elle est une force morale, elle est un culte. Partout où elle s'implante, il est facile de discerner ces éléments essentiels : son organisation frappe les yeux par l'autorité qui en est le lien et le nerf; sa doctrine se témoigne par des enseignements religieux; sa force morale s'accuse par les lois qu'elle promulgue et les vertus qu'elle engendre; son culte est public, et il exprime avec éclat la foi et les sentiments des fidèles.

On se méprendrait cependant, si on croyait, qu'en fait, ces éléments divers soient toujours en proportion égale et en parfait équilibre.

Rien n'est moins vrai. Il suffit d'ouvrir l'histoire, de parcourir d'un regard les siècles et les peuples pour se convaincre des oscillations qui balancent ces éléments multiples et leur donnent tour à tour, suivant les temps et les événements, une prépondérance relative. Tantôt l'autorité fait sentir plus fortement son empire et étonne par la merveille de l'unité qu'elle sait produire entre les âmes. Tantôt la doctrine répand de plus admirables clartés, en inspirant des chefs-d'œuvre comme la somme de saint Thomas d'Aquin ou les discours de Bossuet. Tantôt la force morale enfante la pratique d'une vertu surhumaine ou d'une charité inépuisable en ses bienfaits. Tantôt le culte s'étale avec une pompe éclatante et témoigne plus bruyamment de l'activité intime que la religion déploie dans le secret des consciences.

Cette variété dans le mouvement extérieur et intérieur de la religion n'est pas sans un dessein providentiel de Celui qui gouverne toutes choses et se plaît à révéler, par des phénomènes divers, ses perfections infinies.

Quoi qu'il en soit, le fait existe, et si, à ce point de vue, nous jetons un coup d'œil sur la religion catholique en France, il ne sera pas malaisé de voir qu'entre les éléments qui la composent et dont nous venons de faire l'énumération, la doctrine est loin d'occuper le premier rang. D'ailleurs, ce qu'on peut dire de la France est vrai des nations diverses où le catholicisme est plus ou moins prospère.

Ce qui l'emporte aujourd'hui dans le monde religieux, le phénomène par lequel il étonne ceux-là même qui seraient tentés de ne rien admirer en lui, c'est sa puissante unité.

Jamais, peut-être, on ne la vit plus compacte. Au milieu de tous ces peuples en déclin où l'autorité fléchit et où elle dissimule mal sa faiblesse par le déploiement d'une force matérielle et despotique dont elle sera la première victime; au sein des révolutions qui, dans l'ordre politique, renversent tout : trônes, dynasties, institutions et nationalités, regardez : la religion catholique est debout, plus solide, plus résistante et plus unie que jamais. Sa hiérarchie a gagné en force et en empire tout ce que les pouvoirs humains ont perdu. Ce contraste saisissant de la désorganisation des races, d'une part, et de la puissante unité catholique de l'autre, n'est pas un des spectacles les moins prodigieux pour l'homme qui, sans parti pris, observe et veut expliquer les choses. Oui, d'une part, ces épées impuissantes qui tuent ce qu'elles essaient de protéger; d'autre part, cette croix souveraine dans son dénûment et qui soutient tout ce qui lui demande appui : tel sera toujours le grand signe de Dieu. Fut-il jamais plus frappant?

Chose étonnante! lorsque la croix et ceux qui en ont la garde sont le plus délaissés par les puissances fragiles de ce monde, lorsque le glaive et les sceptres se retirent d'eux, ou se retournent contre eux, c'est l'heure où il plaît à Dieu de faire éclater leur toute-puissance au sein et en dépit de leur infirmité. Quel pape, à l'égal de Pie IX, a possédé une plus grande autorité morale? Mais aussi quel pontife a connu comme lui les perfidies, les attaques ouvertes, les délaissements et les trahisons des puissances de la terre? Son autorité a grandi avec son dénûment; et, au fur et à mesure qu'on l'obligeait à descendre les marches du trône temporel, Dieu lui faisait monter celles du vrai trône d'où l'on commande aux âmes et d'où l'on sauve le monde.

L'admirable unité hiérarchique de la religion est plus visible encore en France que partout. Elle s'y traduit par le mouvement unanime qui entraîne vers Rome tout l'épiscopat, sans la moindre exception, et par le dévouement expansif qui y porte les fidèles à la suite des évêques. Il ne reste rien du vieux gallicanisme. Si quelque chose était à redouter, ce ne serait pas ce levain épuisé d'anciennes divisions, ce serait plutôt l'excès contraire. Mais il ne faut pas craindre que l'unité devienne absorbante et que cette puissance de centralisation, qui est un des plus grands courants de notre âge, vienne à effacer les caractères qui distinguent les peuples et les races : la variété doit subsister même dans l'Église de Dieu. Nous n'aurons jamais à regretter que l'harmonie ne devienne de la confusion, et que, sous prétexte d'unité, on ne fasse de la centralisation. Il y a des autonomies respectables, et si sainte que soit l'autorité, fût-elle l'autorité de Dieu lui-même, elle a le droit et la sagesse pour limites; au delà elle n'est plus l'autorité, mais le despotisme. Obéir alors n'est qu'une servitude; et le nom de Dieu dont on prétendrait couvrir une soumission servile, loin de l'excuser et de la sanctionner, ne ferait que la rendre plus odieuse et plus basse. L'Église sait cela mieux que nous. Et si ceux qui ont rompu avec son autorité infaillible eussent pénétré les desseins de Dieu, ils eussent compris que l'obéissance valait mieux que la révolte, et qu'en acceptant un pouvoir légitime, on ne s'amoindrit jamais.

Sous la garde de cette hiérarchie, un rare déploiement du sentiment religieux, de la piété et du culte caractérise, en France surtout, l'état du catholicisme, au dix-neuvième siècle. Rarement on vit pareille effusion cordiale. Tout ce qui, dans l'histoire, le culte et les dogmes de la religion, s'adresse plus directement au cœur, trouve auprès des croyants une faveur marquée. La vérité et l'amour sont les deux pôles de la vie humaine. Ils se font rarement équilibre. La vie oscille de l'un à l'autre; et ceux qui vivent moins par la tête, d'ordinaire vivent plus par le cœur. Religion est devenue synonyme de dévotion et de piété. Les croyants sont moins nombreux, ils sont plus fervents peut-être; s'ils brillent moins par l'esprit, ils ont un cœur plus chaud; et on dirait que, voyant Dieu délaissé, ils veuillent, par la fréquence des pratiques, l'apparat du culte et un zèle plus ardent, compenser l'insuffisance de leur nombre, et servir Dieu pour la foule qui ne le connaît pas et qui l'oublie.

Mais si l'autorité et le sentiment religieux sont en progrès, en peut-on dire autant de la doctrine, de la science divine, de la théologie enfin? Voilà la question. Nous ne craignons pas de l'affirmer, l'enseignement religieux en France est un de ceux qui sont le plus négligés. Il devrait tenir une place d'honneur, et il n'occupe que la moindre. Il est rejeté à l'arrière-plan quand il n'est pas tout-à-fait abandonné.

Expliquons-nous et précisons notre pensée. L'enseignement de la religion, comme tout autre, peut comprendre trois degrés : l'enseignement élémentaire ou primaire, l'enseignement secondaire et l'enseignement supérieur. Le premier se donne aux enfants dans le catéchisme; le second aux adolescents et aux jeunes filles dans les cours d'instruction religieuse ou les catéchismes de persévérance; le troisième aux élèves du sacerdoce dans les cours de théologie proprement dite, et à tous les croyants désireux de pénétrer dans les profondeurs de la foi.

Il faut le reconnaître et le signaler avec éloge, l'enseignement religieux primaire ne laisse à peu près rien à désirer. Grâce au zèle des pasteurs, et à l'intelligence des instituteurs chrétiens qui, presque partout en France, élèvent les enfants catholiques, grâce aussi à la souplesse et à la clarté d'esprit qui caractérise notre génie, le catéchisme est admirablement enseigné. On ne saurait peut-être pas signaler de lacune sur ce point, et il est d'une importance souveraine. Les premières notions religieuses déposées dans l'âme de l'enfant par un enseignement délicat et solide sont le germe fécond de ses croyances futures. Tels grains, telle moisson. Sans doute la tempête peut venir, les pluies torrentielles peuvent noyer la semence, et les bêtes la dévorer ; mais la Providence veille, et les hommes de Dieu, ses envoyés, veillent aussi ; et, bien qu'il ne suffise pas de jeter le blé en terre dans un sillon fertile pour y voir germer un bel épi, cependant il faut commencer par là.

Le catéchisme est une des forces vives qui maintiennent la foi dans ce pays où elle est livrée à tant d'orages, à la merci des vers rongeurs et d'une nuée d'oiseaux voraces. Combien de croyants ne vivent, religieusement parlant, que des notions élémentaires de la foi! Dans un esprit inculte, le bon sens, la droiture du cœur et le catéchisme : voilà le granit sur lequel la religion s'appuie encore. Mais, dans le cours de la vie, que de forces contraires la menacent! Les erreurs, les passions, les mauvaises influences lui font une guerre acharnée ; elles deviennent rares, hélas! même dans les campagnes, ces âmes saines, à l'esprit droit, au cœur honnête, et qui n'oublient pas le livre où elles ont épelé le nom de Dieu.

Cependant, n'en déplaise à certaines gens, n'allons pas croire que le catéchisme suffise à la religion. Autant soutenir que les quatre règles suffisent aux mathématiques, que l'art des sauvages, sculptant leur carquois ou leur arc, suffit à la sculpture, et que la pierre angulaire est tout l'édifice.

Qu'on nous permette une réserve dans l'éloge de l'enseignement religieux primaire : on n'insiste pas assez sur le côté apologétique de la doctrine. Il ne faut point oublier, en effet, que nous, croyants, nous vivons dans un monde où notre foi, à toute heure, est en butte à quelque attaque. Si le chrétien veut résister et grandir, il doit être comme un soldat sur le pied de guerre et toujours sous les armes. Qu'on habitue l'enfant à défendre sa foi, qu'on lui nomme les doctrines ennemies avec lesquelles son jeune esprit devra se mesurer plus tard, et qu'on mette sur ses lèvres des réponses victorieuses.

— Il ne les comprendra pas. — Sur le moment, c'est possible; mais, une fois éveillée, son intelligence les saisira mieux, en se souvenant des enseignements de l'enfance. Le moyen de faire de vrais soldats, ce n'est pas d'attendre la vingtième année pour mettre aux mains du conscrit le fusil ou le sabre, c'est de montrer à l'enfant la frontière perdue, de lui dire : « Tu la reconquerras un jour, » et, en attendant, de lui apprendre à jouer au soldat.

Hélas! les frontières démantelées sont les frontières de la foi. C'est le chrétien qui doit les reconquérir et les étendre; et il n'est pas trop tôt de le former dès l'enfance à guerroyer pour Dieu et pour la vérité.

L'enseignement religieux secondaire est loin d'atteindre à la perfection relative que nous avons constatée dans l'enseignement élémentaire. Sans doute, il y aurait injustice et erreur à méconnaître le zèle intelligent que déploient un grand nombre de prêtres dans les catéchismes de persévérance à l'usage des jeunes filles. Il n'est peut-être pas de paroisse, dans les villes, où ces catéchismes ne soient faits par les maîtres avec un soin extrême et suivis par les élèves avec une pieuse assiduité. On dirait même que l'instruction religieuse des jeunes filles est plus complète et plus soignée que celle des jeunes gens. Cette différence ne tient pas seulement à l'habileté des maîtres, mais encore et surtout à l'émulation et à l'empressement des élèves. La religion occupe aujourd'hui une moins grande place dans l'âme de l'homme que dans celle de la femme ; l'homme dédaigne trop souvent ses enseignements sublimes, mais la femme apporte à les recevoir un respect et une avidité qui lui méritent de les mieux pénétrer.

Tandis que la jeune fille a ses catéchismes de persévérance, le jeune homme, soit au lycée, soit dans les colléges chrétiens, a ses cours d'instruction religieuse. Il n'est que juste de reconnaître le dévouement avec lequel certains aumôniers tâchent de communiquer à leurs élèves les enseignements de la foi, l'intelligence et le zèle avec lesquels ils s'efforcent de prémunir les esprits confiés à leur sollicitude contre les sophismes et les préjugés irréligieux de leur siècle. Quelques-uns même, aiguillonnés par le péril, font des efforts que nous ne rencontrerions pas toujours au même degré dans les collèges chrétiens, où l'enfant plus protégé n'inspire pas les mêmes inquiétudes et n'effraie point par les airs d'une incrédulité précoce. Quoi qu'il en soit, il n'est pas un collège de l'État ou une institution libre quelconque qui n'ait ses cours d'instruction religieuse. — Alors, me dira--on, que demandez-vous de plus ? Vous avez des maîtres, vous avez un enseignement et des élèves obligés à le suivre : n'est-ce pas là la perfection ? Nous répondrons que, tout en reconnaissant les avantages d'un pareil état, nous ne pouvons cependant dissimuler ses lacunes, et nous croyons être utile à la cause française et catholique, en les signalant avec sincérité.

L'instruction religieuse secondaire, telle qu'elle est donnée actuellement à la jeunesse, pèche de plusieurs manières : par le manque de manuels et de programmes ; par le défaut de sanction ; par l'insuffisance des maîtres.

La première lacune est le manque de programme défini et de manuel précis. Où commence et où s'arrête un tel enseignement ? De quoi se compose-t-il ? En quoi se distingue-t-il du catéchisme élémentaire ou de l'instruction supérieure ? Nul programme ne saurait nous le dire avec exactitude. Aucun manuel ne l'enseigne, et même aucun n'a été rédigé. C'est un grave inconvénient contre lequel on ne saurait trop se prémunir. Il faut aux adolescents et, du reste, à toute intelligence en voie de formation une direction sûre et par conséquent des idées nettes, des connaissances bien déterminées.

Comment donnerez-vous sur la religion des idées nettes et des connaissances précises, sans le programme qui limite les unes et sans le manuel qui formule les autres? Le mieux serait de reprendre le catéchisme et de l'expliquer plus à fond. Mais, revenir au catéchisme, ne serait-ce pas nier l'enseignement secondaire? Or il est incontestable que cet enseignement a sa place, il est nécessaire, il pose des questions que le catéchisme ne résout pas, et il répond au besoin de l'intelligence parvenue à un certain degré de son développement.

Les professeurs ne peuvent-ils pas suppléer à cette lacune? Je veux bien accorder que certains d'entre eux trouveront dans leur talent, leur zèle et leur expérience des ressources pour combler ce vide; mais ce ne sont que des individualités, et il nous faut un enseignement plus autorisé. En outre, ces professeurs sont rares, et ce n'est manquer ni de respect ni de justice que de reconnaître qu'ils forment une exception. Cette élite mise à part, que reste-t-il? Les professeurs ordinaires. Or, nous ne craignons pas de le dire, insuffisamment préparés par leurs études à l'enseignement secondaire de la religion, ils ne communiqueront jamais à leurs élèves, avec précision et autorité, les grandes vérités théologiques.

Le cours d'instruction religieuse prend en effet la forme apologétique. Il tend à mettre la religion et les dogmes en présence des erreurs contemporaines, et à opposer à celles-ci des réponses péremptoires. Croit-on que de telles réponses s'improvisent? que la science des erreurs courantes se trouve d'elle-même? que l'apologétique enfin se puisse acquérir sans de longs travaux et une sérieuse formation? Aussi qu'arrive-t-il? L'enseignement secondaire de la religion est négligé, il ne parvient pas à dompter les oppositions que la foi rencontre dans l'intelligence du jeune homme : son insuffisance peut même nuire dans un grand nombre à la prospérité de la foi, et, au lieu de la prémunir, elle en menace les assises. Je sais plus d'un élève sorti sceptique du collége : la maladroite explication du dogme et la faiblesse des réponses données avaient scandalisé leur esprit pour toujours.

Ce n'est pas l'intelligence qui fait défaut aux professeurs, c'est la formation. Quelle que soit la valeur d'un homme, il a besoin d'être préparé à sa tâche. L'âme la plus artistique ne peut se passer d'initiateur; et le moindre apprenti instruit des secrets de l'art ira plus loin que le génie dont l'éducation n'aura pas brisé ces bandelettes qui paralysent tout homme venant en ce monde. Où se forment les professeurs capables de communiquer efficacement à la jeunesse lettrée l'enseignement religieux? Nulle part. On fait cela comme autre chose, avec la seule différence qu'on y est moins soigneusement préparé que pour l'enseignement des mathématiques, du grec et du latin. La religion tient-elle donc une moindre place dans l'âme humaine que les savants calculs, les thèmes et les versions?

Les professeurs et les cours d'instruction religieuse devraient être d'autant mieux soignés et choisis que cet enseignement, n'ayant pas la sanction d'un examen sérieux et l'honneur de faire partie du programme du baccalauréat, est exposé à être négligé comme surérogatoire. N'est-ce pas, en effet, ce que l'on constate avec douleur, même dans les colléges chrétiens?

Le cours d'instruction religieuse n'est pas en estime parmi les élèves. Il ne sert à rien, se disent-ils; et nous pouvons être bacheliers sans nous soucier de cela. — L'esprit positif de notre temps se montre déjà dans l'enfant, et il n'attend point sa majorité pour agir en conséquence. Le seul moyen de restaurer dans la pensée de l'élève la science la plus haute et la plus nécessaire, serait la supériorité du maître. Un professeur assez éminent pour traiter avec honneur devant des esprits jeunes et ouverts les problèmes de la science sacrée aurait bientôt restitué sa vraie place à l'instruction religieuse, en dépit des programmes universitaires. N'en avons-nous pas eu des exemples célèbres ? Qui ne se souvient de Lacordaire, de Gratry, de Perreyve et de ceux qui, à des degrés divers, ont suivi leurs nobles tracés ? C'est avec de tels hommes que l'enseignement religieux secondaire pourrait être relevé et qu'on en recueillerait les plus féconds résultats pour la foi des générations nouvelles.

Tel qu'il est, néanmoins, il n'est pas stérile, et nous mentirions à la vérité si nous nous refusions à reconnaître ses bienfaits. Si insuffisant qu'il puisse être, un enseignement est toujours une force. La religion est environnée de trop de périls pour qu'on n'apprécie pas tout ce qui la protége dans l'âme inquiète et délicate du jeune homme.

Mais, il faut bien l'avouer, ce qui est le plus en souffrance, ce qui devrait être au contraire en pleine prospérité, c'est l'enseignement supérieur religieux. Une chose lui manque, avant tout, ce sont les élèves : ce défaut radical le réduit à néant.

L'enseignement religieux supérieur, c'est la théologie.

Qui donc l'étudie parmi nous? Où sont les jeunes gens chrétiens qui en aient fait une étude sérieuse ? Cherchez-les, comptez-les. — Mais quoi! voulez-vous qu'un jeune homme, destiné à une carrière libérale, sache sa théologie comme un prêtre ? — Et quand il la saurait ainsi, où serait le mal? Non, je ne veux pas l'impossible. On me concédera, cependant, qu'il est au moins logique qu'un chrétien lettré soit au courant de sa foi et qu'il l'honore par l'intelligence avec laquelle il en professe les dogmes. On m'accordera peut-être aussi qu'il est tout simple qu'en un temps où la foi est attaquée de toutes parts, et surtout par les doctrines philosophiques et scientifiques, un chrétien lettré soit armé pour la défendre en lui d'abord, dans sa famille ensuite, dans son pays, s'il le faut.

Sera-t-il capable de cette glorieuse défense, s'il n'a point été initié à quelque degré à la science théologique? On me dit : Il en appellera au prêtre. — Le prêtre n'est pas toujours là! D'ailleurs, mauvaise tactique. Elle peut convenir à l'ignorant, elle ne convient plus au lettré. La foi du charbonnier n'est pas de notre âge, il nous faut la foi des Pascal et des O'Connel; à l'attaque dont nous sommes l'objet, il ne s'agit de répondre ni par la force brutale, ni par la passion, ni par d'insuffisantes raisons. La force brutale ne prouve rien. La passion ne fait que déshonorer souvent la vérité qu'elle croit servir, et les raisons insuffisantes la compromettent. Soyez-en sûrs, le croyant qui ne sera pas instruit et qui n'aura pas la modestie de se dérober à l'objection et d'en appeler à l'autorité plus éclairée qui garde sa croyance, ne manquera pas de faire appel à la force brutale, à la passion ou aux vaines raisons. Nous n'en sommes que trop les témoins. Qu'on ne l'oublie pas, l'ignorance religieuse, même parmi les chrétiens, même parmi les catholiques qui s'intitulent les champions de l'Église, est le foyer ténébreux où prennent naissance ces vains sophismes avec lesquels on veut défendre notre doctrine, ces passions mauvaises et cette violence que l'on croit nécessaire pour écraser les ennemis. Eh! grand Dieu! il ne s'agit pas d'écraser, il s'agit de sauver. A ce rôle, la vérité et la vertu suffisent.

Je suis heureux de pouvoir donner pour appui à ma parole l'autorité d'un grand évêque qui se signala par la justesse de ses vues dans les fameuses luttes des catholiques pour la liberté de l'enseignement secondaire. Voici comment s'exprimait Monseigneur l'Évêque de Chartres dans un mandement célèbre :

« L'abandon de la foi parmi nous, quelle en est la cause la plus réelle? Le croiriez-vous? C'est l'ignorance, c'est-à-dire cette complète absence de notions sur les vérités saintes, à laquelle Tertullien attribuait la haine des païens de son temps contre le Christ. On ne se met plus en peine d'acquérir la moindre instruction sur Dieu, sur nos rapports avec lui, sur le culte et la fidélité qui lui sont dus.

« Quoi! dites-vous, se peut-il que, dans ce siècle de lumières, on soit si étranger à une science qui tient incontestablement le premier rang parmi les connaissances élevées, importantes, indispensables? Oui, rien n'est plus vrai; et, quand je m'exprime ainsi, je ne parle pas seulement de la multitude ou des personnes livrées au tourbillon du monde et des affaires, j'ai en vue les hommes les plus éclairés sur d'autres objets, les savants, les lettrés justement renommés ; il en est qui sont plus ignorants en matière de religion que les hommes les plus dénués d'instruction et de culture.

« Comment cela se fait-il ?

« Le profond mépris pour la foi qu'ils ont trouvé, à l'entrée de leur carrière, établi dans le monde, joint à l'orgueil que leur ont inspiré d'éclatants succès et la supériorité des talents, leur a persuadé qu'il était indigne d'eux, non-seulement de croire, mais de s'enquérir même sur quels motifs on avait cru avant eux. Ils ont dédaigné une étude qui leur paraissait trop peu sérieuse (1). »

Rien n'a changé depuis quarante ans, tout s'est aggravé. L'irréligion a plutôt empiré dans les esprits, et ce mandement vigoureux n'a rien perdu de son actualité. Que dis-je ? la plume d'un de nos vaillants évê-

(1) Mandement de Mgr l'Évêque de Chartres sur le parallèle des mystères de la religion et de ceux de l'incrédulité.

ques pourrait en toute justice donner des avertissements plus sévères encore et signaler des plaies plus saignantes.

Ainsi, plus de doute, la détresse, le dénûment de la haute instruction religieuse sont profonds, même dans les classes lettrées; mais où puiser cette instruction si nécessaire et malheureusement si négligée? Où sont nos maîtres? Où nos écoles supérieures de religion?

Nous voilà contraints d'examiner les diverses institutions établies pour communiquer aux catholiques le haut enseignement de la Foi. J'en distingue quatre principales: les conférences, les facultés de théologie, les séminaires et les noviciats d'études des ordres religieux.

Les conférences, surtout celles de Notre-Dame de Paris, ont un grand éclat: les paroles qui tombent de cette chaire, on peut le dire, s'adressent à la France et presque à tout l'univers chrétien. C'est un honneur et une puissance pour la foi, d'être exposée avec une pareille solennité et de se produire à la face du monde avec les prestiges de l'éloquence. Toutefois la rareté de ces discours, l'apparat qu'ils exigent, le public nombreux qui les écoute, le genre qu'ils doivent adopter, voilà autant d'obstacles qui ne permettront jamais aux conférences de devenir un enseignement complet. Il faut pour cela une étude plus détaillée que ne le comporte un discours solennel, un contact intime et plus fréquent avec des disciples moins nombreux et plus choisis. Pendant de longues années, depuis la ruine des universités jusqu'à la fondation des facultés de théologie, par l'empire, les conférences furent le seul enseignement religieux supérieur donné à la jeunesse et aux classes lettrées.

Enfin, à la demande de plusieurs évêques, des facultés de théologie furent fondées à Lyon, à Bordeaux, à Aix et à Rouen. C'était la reproduction de la faculté théologique de la Sorbonne à Paris. On peut, sans manquer de respect à aucune, avouer qu'elles ont été bien loin de répondre au but de leur institution. C'est fort bien de créer des facultés; mais c'est une fondation dérisoire, si on ne leur fournit pas un noyau d'élèves. Autant vaudrait faire une usine sans ouvriers, et rêver un commerce sans acheteurs. Or, le fait est certain, les facultés de théologie n'ont pas d'élèves. Ce sont des cours libres auxquels nul n'est tenu d'assister et qui ne peuvent recruter des auditeurs que par le charme, l'éloquence, le mérite exceptionnel des maîtres. Mais, on le prévoit, toute œuvre qui, pour se soutenir, a besoin d'hommes exceptionnels, est une œuvre perdue. Les grands talents sont rares; ils ne sont donnés que de loin en loin; et, dans l'intervalle qui s'écoule de l'un à l'autre, l'édifice qu'ils soutiennent a le temps de crouler. Du reste, que va devenir un enseignement qui, pour attirer des disciples, a besoin de tous les artifices de la parole et de l'éloquence? On le devine. En renonçant à l'austérité qui lui convient, il perdra forcément de sa puissance; et tout ce qu'il gagnera dans la forme, il le perdra dans le fond. Il n'est point de science qui n'ait ses côtés âpres. Les plus attrayantes ont leurs éléments, leurs formules, leur matériel, si j'ose ainsi dire; tout cela ne peut se connaître sans effort ni se communiquer sans tenir à l'écart l'imagination et sacrifier pour un moment, au moins, l'élégance de la forme.

Tel est donc le défaut incurable des facultés de théologie : les élèves leur manquent, et, pour en recruter, elles sont réduites à parer leur science, au lieu de la montrer dans sa vérité et dans sa force. Leurs auditeurs naturels devaient être les élèves de choix pris dans les séminaires. Autour de ce noyau seraient venus se grouper les laïques désireux de s'initier à la science divine. Mais pourquoi des évêques eussent-ils envoyé leurs meilleurs sujets dans des facultés qui n'avaient point l'institution canonique, et qui étaient privées du droit de conférer les grades? En outre, qui leur garantissait la valeur et l'orthoxie du maître? Bref, les circonstances étaient telles que, malgré le mérite des professeurs, les facultés ne pouvaient que végéter. Impuissantes à rallier autour d'elles ce groupe d'hommes jeunes et ardents qui fait le mouvement, la force et la vie d'une école, elles se sont trouvées désertes au lendemain de leur ouverture, et dans plus d'une il a fallu donner l'accès aux femmes pour compléter un public que de rares hommes ne parvenaient pas à former.

Restent les séminaires. Là du moins nous trouverons dans sa pureté, sa vigueur et son élévation, le haut enseignement religieux; car, s'il n'est point là, où sera-t-il? Si le prêtre lui-même ne le reçoit point, qui le recevra? Si les séminaires ne sont pas l'asile de la science sacrée dans ce qu'elle a de plus élevé, où le chercherons-nous? Ici, les disciples ne manquent pas.

Les grands séminaires, en France surtout, se recrutent bien; si la bourgeoisie et la noblesse n'y envoient plus que de rares représentants, le peuple en revanche ne marchande pas ses fils au Dieu qui les lui demande. Mais les professeurs répondent-ils au nombre des élèves? La méthode y est-elle à la hauteur de l'enseignement?

On comprend la délicatesse de ces deux questions, et je ne voudrais pour rien au monde m'arroger un droit d'examen et d'appréciation qui ne me conviendrait pas. Aussi me récuserai-je volontiers et me contenterai-je d'exprimer le sentiment d'un évêque dont le talent relève encore le caractère sacré, et ajouterait, s'il était nécessaire, à l'autorité et au poids de sa parole.

Voici donc ce qu'écrivait, le 8 septembre 1874, dans une lettre adressée au Cardinal-Archevêque de Paris, et qui a ému le monde religieux, Monseigneur Turinaz, évêque de Tarentaise. Je cite textuellement : « Ce qui manque évidem-

« ment au clergé français, ce n'est pas la
« science commune, la science qui peut suf-
« fire dans les travaux ordinaires du minis-
« tère pastoral; ce qui lui manque, *c'est une*
« *science supérieure*. Il faut multiplier sur
« cette terre de France les prêtres savants,
« les théologiens consommés, les apologis-
« tes toujours prêts à poursuivre l'erreur
« partout où elle cherche à séduire les âmes,
« et capables de la vaincre par la puissance
« de la doctrine et de l'éloquence. Ce que
« réclament, en ce moment, le clergé et les
« catholiques de France, c'est *un enseignement*
« *vraiment supérieur.* » Donc, cet enseignement
n'existe pas, d'après le témoignage si compétent auquel je me réfère. Et en se demandant
comment il pourrait renaître, l'évêque ajoute:
« Le premier obstacle qui s'oppose à la fon-
« dation de plusieurs universités capables
« de nous donner cet enseignement supé-
« rieur, ce sont les difficultés de l'enseigne-
« ment lui-même; car nous ne pouvons nous
« le dissimuler, *les professeurs nous feront*

« *défaut*. » Et plus loin, parlant des qualités requises à un maître du haut enseignement religieux, voici ce qu'il ajoute (qu'on pèse ces remarquables et franches paroles) : « L'o-
« pinion publique demandera beaucoup aux
« professeurs des sciences sacrées, et, à ce
« point de vue, l'opinion publique est dans
« le vrai.

« Les sciences naturelles ont accompli des
« progrès merveilleux, et on croirait les
« voir à chaque instant se heurter dans leur
« marche contre les dogmes chrétiens. L'ar-
« chéologie et l'histoire, en étudiant les
« ruines des cités antiques, en remuant les
« cendres des nations éteintes, soulèvent
« des problèmes qui touchent au texte de
« nos Saintes Écritures et aux traditions les
« plus augustes. La philosophie s'égare dans
« mille systèmes que condamnent la révé-
« lation et le bon sens, mais qui passionnent
« et aveuglent les multitudes. Les commu-
« nications s'établissent entre les peuples
« avec une rapidité que nos pères ne soup-

« çonnaient pas, et ce n'est plus à quelques
« centaines d'élèves seulement que s'adres-
« sera à certaines heures l'enseignement de
« nos universités, mais à la France entière,
« et même aux nations les plus lointaines,
« lorsqu'il se placera sur le terrain brûlant
« de nos controverses religieuses. Il est donc
« absolument nécessaire que les professeurs
« ne soient étrangers à aucune des décou-
« vertes des sciences contemporaines, à au-
« cun des problèmes qui émeuvent les âmes,
« à aucune des aspirations de notre époque,
« et que partout et toujours ils puissent op-
« poser aux affirmations de l'erreur les dé-
« monstrations victorieuses de la vérité ca-
« tholique. »

Il conclut ainsi : « Mais j'arrive à une con-
« clusion que je ne puis éviter et que
« j'exprimerai avec une franchise complète.
« *Je suis convaincu que les prêtres qui possè-*
« *dent les qualités et le degré de science que je*
« *viens de rappeler sont rares en ce moment*
« *dans les rangs du clergé français.* »

On pouvait objecter à cette opinion si nette et si sincère la valeur théologique des hommes obscurs, mais sérieux qui, dans les séminaires, forment en silence les jeunes prêtres. Écoutez les paroles si judicieuses de Monseigneur de Tarentaise : « Qui ne saisit, au pre-
« mier regard, la différence qui existe entre
« la mission d'un professeur d'université, et
« la mission d'un professeur de grand sé-
« minaire? Celui-ci peut répondre dans une
« mesure suffisante à la confiance de son
« évêque, en interprétant avec précision et
« clarté les traités mis entre les mains de ses
« élèves, et en les complétant sur certains
« points. Sans doute, il ne pourra se borner
« à l'étude de quelques compendiums, il
« devra consulter les ouvrages immortels
« des grands docteurs. Mais enfin, *ce qu'on*
« *lui demande surtout c'est d'être un commenta-*
« *teur intelligent des traités élémentaires.* »

On ne saurait mieux dire, ni exprimer en termes plus précis et plus délicats le niveau vrai des études et des maîtres dans l'enseignement religieux des grands séminaires.

Quant à la méthode, même insuffisance :
« La vraie méthode catholique, dit encore
« l'Évêque de Tarentaise que nous ne nous
« lassons point de citer, est la méthode sco-
« lastique. Elle seule forme les intelligences
« aux luttes de la pensée ; elle seule leur
« donne la précision, la vigueur et cette pé-
« nétration à laquelle les moindres nuances
« n'échappent pas. Elle seule ferme à l'erreur
« les moindres issues, et l'étreint dans les
« serres d'une logique inflexible. Elle seule
« a formé les grands docteurs du moyen
« âge. Il est, je pense, inutile d'insister sur
« la nécessité de cette méthode. Les plus
« éminents théologiens ont démontré sa va-
« leur ; les Souverains Pontifes l'ont recom-
« mandée dans les termes les plus pres-
« sants (1) ; et partout des efforts généreux

(1) On peut voir, sur l'excellence et la nécessité de la méthode scolastique, les autorités citées par Mgr Capri, dans sa brochure intitulée : *Quelques Observations soumises à NN.*

« s'accomplissent pour la ramener dans l'en-
« seignement des séminaires.

 « Il faut donc que les professeurs eux-
« mêmes soient formés à cette méthode si
« longtemps méprisée. Il faut qu'ils rétablis-
« sent ces argumentations serrées qui, cha-
« que semaine, soumettent les thèses à l'é-
« preuve des objections. Il faut qu'ils pos-
« sèdent cette méthode à un degré supérieur
« et qu'ils soient capables de soutenir les at-
« taques de quelque part qu'elles viennent.
« Or, qu'on nous permette de le dire, ce
« n'est point par un travail solitaire que s'ac-
« quiert cette méthode, *ce n'est même pas dans
« l'enseignement de nos séminaires, tel qu'il est
« resté généralement jusqu'à ce jour*, à moins
« qu'il ne s'agisse de quelques intelligences
« d'élite qui auraient consacré bien des an-
« nées à l'étude de cette méthode. »

Après un tel jugement dont on ne contes-
tera, j'espère, ni la compétence, ce qui est

SS. *les évêques, concernant les études des séminaires en France.*

une garantie pour la vérité, ni la franchise, ce qui manque trop souvent en pareille matière, ni l'autorité, ce qui rassure toujours les esprits craintifs, nous n'ajouterons rien. La cause de l'enseignement religieux supérieur est éclaircie. Il est impossible d'en mieux révéler l'insuffisance et de mieux prouver l'urgence des réformes. Que ceux qui ont encore souci de la vérité et en savent tout le prix n'hésitent donc plus, et qu'ils se mettent à l'œuvre.

Toutefois notre exposé manquerait d'exactitude, si nous ne signalions en France les noviciats des ordres apostoliques voués à l'enseignement religieux, comme autant de foyers vivants où les plus solides traditions de la méthode scolastique et le plus pur enseignement de la doctrine de saint Thomas sont conservés avec un vrai culte. Ces foyers, dont la flamme est captive, ne demandent qu'à rayonner ; ils sont de vraies facultés de théologie auxquelles ne manque pas l'institution canonique. Pourquoi n'y ferait-on pas appel le jour où, convaincus de la nécessité de restaurer la grande science théologique, nous rendrons à saint Thomas d'Aquin la place qui lui est due dans le haut enseignement religieux? Il en est la seule base possible, et c'est en vain qu'on voudrait en poser ou en chercher d'autres.

Ce vaste génie, qui n'a été étranger ni à la science, ni à la philosophie, ni à la tradition, qui n'a rien exclu, qui a tout embrassé et tout harmonisé, restera le type du docteur chrétien. On pourra perfectionner, modifier la lettre de ses ouvrages, on n'aura rien à changer à son esprit : il est dans la vraie synthèse où toute la science, toute la philosophie et toute la foi se rencontrent pour mêler, sans les confondre, leurs splendides enseignements.

CHAPITRE IV.

Des causes multiples qui ont empêché et qui entravent encore le développement doctrinal du Catholicisme en France.

Alors que, sous l'influence des programmes officiels, se préparait la décadence de la foi et de la raison françaises, si du moins les catholiques, conscients du péril, avaient connu le vrai remède ! Si, au lieu de demander seulement, au nom du droit commun, la liberté d'instruire leurs fils selon les programmes de l'État, ils avaient revendiqué le droit de les instruire suivant leurs programmes, ils n'eussent peut-être pas remporté la victoire ; mais leur attaque eût certainement ébranlé le principe despotique de l'État enseignant sans rival. En se plaçant sur le terrain de la grande et vraie liberté, ils eussent été conséquents avec eux-mêmes, et leur défaite d'aujourd'hui eût préparé sans doute la victoire de demain. Ils ne l'ont pas fait ; c'est une erreur pratique dont les conséquences pourront être graves, bien que peu soient à même de les prévoir.

Le mal eût été moindre, et, dans tous les cas, il eût trouvé son remède, si, au fur et à mesure que le niveau intellectuel s'abaissait, la doctrine se fût développée, rajeunie et fortifiée. Mais non : malgré ses progrès depuis la fin du dix-huitième siècle, le catholicisme s'est bien plus développé sur le terrain de la vie publique et dans les œuvres, comme discipline et comme culte, que comme doctrine hautement scientifique. Il a bien plus fait appel au zèle et au sentiment qu'à l'intelligence et à l'esprit. Il s'est présenté comme une loi morale et une institution ayant ses droits propres, plutôt que comme un dogme, tenant sa place au-dessus de toute science et de toute philosophie humaines. Aussi, à côté du tableau des vices intellectuels de la nation, avons-nous dû signaler l'insuffisance et les graves lacunes de la situation doctrinale du catholicisme, en France.

Qui donc a paralysé le mouvement et les progrès de la doctrine catholique? La hiérarchie se reconstituait puissante et compacte; l'Église revendiquait noblement et avec succès ses droits politiques, le culte se déployait avec un éclat toujours grandissant, les œuvres s'épanouissaient de tous côtés, au souffle d'un zèle rajeuni, témoignant de l'indomptable vitalité de nos croyances...... la science divine, la théologie, n'avançait pas. Les catéchismes qui résument l'enseignement élémentaire de la religion, se multipliaient à l'envi : la haute science religieuse était immobile. Elle est aujourd'hui encore au même point qu'il y a vingt ou quarante ans. Je le répète, d'où vient cette paralysie de ce qu'il y a de plus actif, de plus progressif : la lumière, la vérité, et surtout la vérité religieuse?

Ce n'est pas le talent qui a fait défaut, ni même le génie. Nous avons eu des écrivains, des orateurs, des publicistes, des apologistes de premier ordre. Leurs noms sont célèbres ; leurs œuvres, admirées et applaudies. Rien ne leur a manqué, si ce n'est un fort enseignement religieux. A quelle hauteur ne se fussent-ils pas élevés, s'ils avaient eu l'éducation complète à laquelle nous devons les docteurs du treizième siècle et les orateurs du dix-septième !

Nous avons eu des individualités brillantes, d'une imitation difficile et dangereuse ; il nous fallait des maîtres. Livrée à elle-même, l'individualité peut être puissante ; elle ne devient un modèle, qu'en se rattachant à l'immuable tradition qui lui donne toute l'autorité des siècles. L'individu, c'est la goutte d'eau ; la tradition, c'est le fleuve, c'est l'océan.

Malheureusement la science divine, la grande théologie, ne saurait s'acquérir sans maître. Or, ce qui a manqué surtout au catholicisme en France, depuis la Révolution, ce sont les maîtres de la doctrine. Telle est sans contredit la première cause de notre infériorité doctrinale.

Nous n'avons eu, nous n'avons encore ni université catholique, ni maîtres. Et, sans être prophète, on peut le prédire, tant que durera un pareil état de choses, nous en subirons les fâcheuses conséquences. Nous végéterons dans cette pénurie de vérité religieuse qui est notre plus grande faiblesse, et qui, en dépit de tout notre zèle, de toute notre piété, de toute notre puissance hiérarchique, ne nous permettra jamais de diriger vers Dieu les sociétés et les âmes. Il faut le redire; car, sur ce point, l'illusion est grande, obstinée dans certains esprits. Ce n'est pas avec le culte, ce n'est pas avec l'autorité, si respectable qu'elle soit, eût-elle la croix pour symbole, ce n'est pas avec le sentiment religieux le plus vif, ce n'est pas avec les œuvres de détail qu'un zèle infatigable multiplie, qu'on arrivera jamais à rallier les esprits intelligents ; ce n'est que par la haute théologie, cette science inconnue et surtout incomprise, qu'on groupera, dans une forte et véritable unité, les sciences de l'ordre terrestre, et qu'on donnera à la philosophie une solidité nouvelle et son vrai couronnement. Les intelligences égarées, mais loyales, ne sauraient se courber que devant le vrai. Si elles ne se rendaient à l'autorité que par sentiment ou défaillance, elles ne seraient plus elles-mêmes ; ce n'est point là ce qu'il convient de leur demander. Qu'on les éclaire, qu'on les domine par une clarté plus haute et un enseignement plus complet ; elles se rendront, dès là qu'elles sont sincères. Si elles ne le sont pas, elles s'irriteront ; mais, dans les deux cas, elles seront vaincues, et la vérité restera maîtresse.

L'ennemi terrassé qui refuse d'avouer sa défaite, n'en est pas moins sous le sceptre du vainqueur : on lui met les chaînes ; mais on ne le craint plus.

Si les maîtres de la science de Dieu nous ont fait défaut, il faut bien le reconnaître, les circonstances nous excusent. Il y a des nécessités qu'on doit subir de gré ou de force. Qui ne le sait? Au lendemain de la Révolution, l'Église de France était dans une détresse lamentable. La voici dépeinte en traits énergiques et malheureusement trop vrais :

« L'épiscopat tout entier dans l'exil ; le
« clergé décimé par la guillotine et la dépor-
« tation ; les fidèles traqués et harcelés, long-
« temps condamnés à choisir entre l'apostasie
« apparente ou la mort, commençant à
« peine à respirer, à jouir en silence de la
« tolérance du mépris.

« Aucune ressource matérielle ni morale ;
« le vaste patrimoine de l'Église, formé par
« l'amour et le libre don de quarante géné-
« rations, réduit en poussière ; les ordres
« religieux, après mille ans de gloire et de

« bienfaits, gisant désarmés et anéantis,
« trois mille monastères des deux sexes
« abolis, et avec eux tous les colléges, tous
« les chapitres, tous les sanctuaires, tous les
« asiles de la pénitence, de la retraite, de
« l'étude, de la prière (1)! »

Nous ne devons jamais oublier l'ouragan de feu et de sang qui parut un moment anéantir, dans son tourbillon irrésistible, le catholicisme en France. Ce souvenir nous rendra moins sévères. Après de telles ruines, l'Église écrasée, mais non vaincue, jetée à terre, mais non détruite, ne pouvait se montrer au monde subitement réarmée de toutes pièces.

Les restaurations ont besoin du temps; et il faut des siècles quelquefois pour réédifier péniblement ce que des Vandales ont mis une nuit à renverser. La restauration du catholicisme, en France, sera une œuvre séculaire. Que les impatients sachent attendre et qu'au

(1) *Des Intérêts catholiques au dix-neuvième siècle*, par M. le comte de Montalembert.

lieu de récriminer toujours, ils respectent les longs desseins de Dieu et la lenteur providentielle de ses œuvres surhumaines.

Est-il étonnant qu'à peine sorti des ruines sous lesquelles on le supposait anéanti, le catholicisme se soit porté aux œuvres les plus urgentes? Ce qui absorba tout d'abord les trop rares ouvriers de Dieu, ce furent les travaux du ministère sacerdotal.

Avant de songer à la théologie, il fallut se consacrer au catéchisme; avant de se ménager des loisirs pour les études approfondies, il fallut baptiser les petits enfants, consoler les moribonds, ensevelir les morts, confesser les pécheurs et répondre au jour le jour à l'attaque d'ennemis dont l'hostilité ne se lassait pas. Avant de s'appliquer aux durs labeurs de la science, il fallut se préoccuper de la foi; et, avant de philosopher, il fallut vivre. Ces impérieuses nécessités ont produit deux résultats qui devaient forcément entraver le développement de la haute doctrine religieuse.

D'abord, pressés de tous côtés par les besoins du ministère de chaque jour, les évêques durent réduire le temps nécessaire aux études théologiques. Ensuite, au lieu de se consacrer à l'obscure mais féconde mission de la science divine, les sujets éminents du clergé prirent la voie brillante de l'administration et des honneurs. Dès que la formation était jugée suffisante, on entrait dans ce dévorant ministère où l'on peut perdre bientôt, avec les loisirs, le goût et le recueillement indispensables à l'étude sérieuse des mystères de la foi. Au lieu de contempler Dieu, il fallut se mêler au mouvement bruyant des choses humaines ; au lieu de nourrir son esprit des nobles tourments d'une vérité à découvrir, à fortifier ou à défendre, il fallut se voir assailli par les mille détails presque toujours vulgaires, de la vie pratique. Tout ce que la doctrine eût gagné par le travail et la valeur de ces hommes qui lui eussent volontiers, en d'autres temps, voué leur âme, elle l'a perdu au profit de l'administration et du gouvernement ecclésiastique.

Au surplus, quelque florissants qu'eussent été les séminaires, eussent-ils jamais comblé le vide effrayant, creusé tout à coup par la disparition de nos universités ? Le séminaire n'est point une faculté de théologie. L'enseignement donné aux aspirants du sacerdoce gardera toujours un caractère professionnel et pratique, peu compatible avec l'enseignement supérieur. Les grandes questions théologiques doivent s'étudier pour elles-mêmes ; elles exigent des esprits choisis et de longues heures ; ce n'est point pour les résoudre à fond que les séminaires ont été institués. On y vise plutôt à l'enseignement utile et à la formation morale des étudiants. Or, dès qu'une science ne s'occupe plus des problèmes qui en forment la portion réservée et comme le sanctuaire, elle baisse ; elle tourne à la formule rigide ; elle perd, avec sa grandeur et son éclat, son action puissante sur les esprits ; elle se fait utilitaire comme une science de métier.

N'est-ce pas là le sort qui fatalement devait échoir à la théologie, le jour où, les antiques universités ayant disparu, elle n'a plus eu d'autres foyers que les séminaires ?

Il faut bien l'avouer aussi, tout en possédant un principe de vie propre qui préside à ses développements et gouverne en secret ses phases diverses, le catholicisme n'est point étranger au milieu humain dans lequel il se trouve. Il en subit au contraire presque toutes les influences. De là vient la physionomie qu'il prend tour à tour selon les races, les peuples ou les siècles. Le fond demeure le même, la surface est mobile. Or, à notre époque, des courants divers et parfois irrésistibles se sont disputé les âmes ; ils les ont entraînées vers la littérature ou la politique, vers les arts ou l'industrie, vers les sciences ou la critique, jamais vers les études philosophiques ou théologiques. Si la religion a préoccupé notre siècle, c'est bien plutôt par le côté traditionnel, politique et sentimental. Aussi, est-ce à de tels points de vue, qu'elle a été attaquée par les uns et défendue par les autres. Ceux qui se croyaient appelés à en finir avec un passé qui ne représentait à leurs yeux que servitude, ignorance, superstition, s'insurgeaient sans pitié contre le principal élément de ce monde usé et tout à détruire. Il fallait leur répondre : ce fut le rôle de ceux qui, enchaînés au passé, peu désireux d'un avenir incertain, se cramponnaient à des institutions qui croulaient de toutes parts, croyant défendre ainsi une religion dont la Croix seule est l'appui invincible. Pareillement, ceux qui avaient perdu ce sentiment si naturel qui tend à nous élever vers Dieu, ne comprenaient rien à ces âmes qu'un invincible attrait porte vers le culte où elles trouvent une force, une joie, et je ne sais quel avant-goût d'une paix ineffable dont ce monde n'a pas le secret.

6.

Mais c'est sur le terrain social que la lutte religieuse a été le plus vive, et c'est là que la religion a remporté les plus éclatantes victoires. Son incomparable vertu conservatrice lui a rallié la majorité de ceux qui tiennent à la stabilité de l'ordre public. Ses combats généreux pour la liberté de la conscience catholique et de l'enseignement, lui ont donné un singulier relief et conquis la sympathie ardente de tous les partisans sincères de la liberté politique.

Il est vrai que, dans ces dernières années, la confusion qu'on a faite entre le catholicisme et la politique nous a été fort nuisible. A force de rapprocher le trône et l'autel dans d'imprudentes et excessives théories, quelques écrivains ont fini par les confondre. La foi y a peut-être gagné auprès de ceux qui ont le culte des trônes ; mais que n'a-t-elle pas perdu auprès de ceux qui rêvent d'autres formes politiques ! Il était d'ailleurs irrespectueux pour la Croix et pour l'Évangile de les faire servir à la défense d'une politique de parti. Dieu est au-dessus de nos petites disputes humaines; et le Christ n'est pas plus le premier gentilhomme de France (1) qu'il n'en est le premier sans-culotte (2).

Ainsi, rien dans l'esprit public, rien dans les courants de l'opinion ne portait les intelligences du côté de la science théologique.

Le goût du grand nombre ne s'en serait point accommodé : les esprits demandaient bien plus à être charmés qu'instruits, étonnés que vraiment éclairés. Le *Génie du Christianisme,* si riche, si neuf comme littérature, mais si insuffisant comme science, montre bien, par le succès prodigieux qu'il a obtenu, ce qui répondait au besoin général.

Or, rien n'exerce plus d'empire sur les hommes qui enseignent à un public, que ce public lui-même. Bon gré mal gré, il faut se proportionner à l'auditoire, tenir compte de ses goûts et de ses aptitudes. Sans doute,

---

(1) *Annales de la Royauté.*
(2) *Annales de la Révolution.*

l'homme puissant en doctrine et en parole ne se fera point l'esclave de ceux qu'il doit plutôt dominer et transformer : s'il condescend d'abord à leur faiblesse, ce sera pour les guérir ensuite ; et, s'il ménage leurs préjugés, ce sera pour mieux les détruire. Mais de telles natures sont exceptionnelles ; les hommes ordinaires subissent la tyrannie de ceux qu'ils devraient gouverner. Ils se font l'écho complaisant de leurs passions; ils flattent les idées reçues; ils cèdent à tous leurs caprices, et c'est par là que les causes les plus saintes sont souvent compromises. La foule qui les applaudit, s'applaudit elle-même ; et, s'ils savaient le comprendre, ils ne se prêteraient pas à ce rôle indigne d'eux. Quoi qu'il en soit, je ne crains pas de l'affirmer, il faut voir dans la disposition des esprits une des causes principales qui, jusqu'à présent, ont enchaîné et enchaînent encore le mouvement doctrinal du catholicisme.

Nous venons de plaider les circonstances

atténuantes d'une situation qu'il y aurait péril à voir durer plus longtemps, et lâcheté à maintenir. La Religion peut subir, dans une certaine mesure, le milieu humain : elle ne doit point s'en faire l'esclave. N'avons-nous pas notre vie propre? Dieu n'opère-t-il pas en nous? Son esprit ne se remue-t-il point dans nos poitrines? La sève divine est-elle jamais tarie? Se peut-il que la vérité qui est le premier élément de notre Religion reste ainsi en détresse? A moins que nous ne soyons un vieil arbre usé qui ne connaît plus de printemps, il est impossible que, malgré toutes les entraves, nous ne voyions rayonner enfin la pleine lumière de notre foi dans un enseignement digne d'elle.

Un terrible et dernier obstacle nous paralyse encore ; il faut l'indiquer, le condamner, le flétrir : c'est la routine.

Elle est tristement puissante sur notre société française, à l'heure actuelle. Tout ce qui va contre elle, tout ce qui cherche à sor tir de ses ornières, à échapper à son étouffante étreinte, est en butte à la défiance, à la malveillance, à l'implacable hostilité et à de pieux anathèmes. On dirait que l'ornière, c'est le salut, et qu'en dehors d'elle il n'y ait que perdition. Le vrai, c'est que l'ornière est le commencement de la fosse où reste enseveli ce qui a cessé de se mouvoir et de vivre. Lorsqu'elle se creuse, soyez-en certains, la tombe se prépare ; lorsqu'on essaie d'en sortir, c'est le signe de la vitalité.

Or, voici ce qui est à craindre : depuis soixante-dix ans le catholicisme, en France, a vécu, lutté, remporté çà et là de grandes victoires. Son domaine s'est élargi, sa puissance publique s'est accrue, ses fidèles semblent plus nombreux, et cependant tout cela s'est accompli, sans que la haute science religieuse soit intervenue. Le modeste enseignement de nos séminaires, le talent de nos prêtres, le zèle et l'activité des pasteurs et des fidèles, ont suffi. Nous n'avons qu'à poursuivre notre marche, et nous irons de triomphe en triomphe.

Là est le piége, là le péril; prenons-y garde!

Ce qui suffisait hier pourrait ne pas suffire demain. Les besoins changent avec le temps et les hommes; la jeune génération ne ressemble guère à l'ancienne; le scepticisme a grandi; les sciences ont progressé, et leur méthode s'impose aux intelligences avec un singulier empire. Craignez que l'esprit de ce siècle ne vous échappe. Si vous ne le ralliez pas, il sera contre vous; et vous auriez beau faire appel aux sentiments et au cœur, vous ne tarderiez pas à vous voir trahis par le sentiment et le cœur de ceux dont vous n'avez pas su dominer l'intelligence. Ne nous lassons pas de le répéter, c'est par la vérité seule qu'on domine l'opinion et qu'on affranchit les âmes et les peuples (1).

Il est urgent de se consacrer au dé-

(1) Veritas liberavit vos. (*Ev. sec. Joan.*)

veloppement doctrinal du catholicisme. La liberté de l'enseignement supérieur, que nous venons de conquérir nous en fait une obligation sacrée.

Eh quoi ! nous aurions lutté, revendiqué avec instance cette liberté précieuse, et, une fois conquise, nous la laisserions stérile ! La liberté n'est pas un but, c'est un moyen. On n'est pas libre pour l'honneur d'être libre seulement, on est libre pour l'honneur d'agir. Restez serf, si vous n'avez que faire de votre liberté, et si vous la déshonorez par l'inaction, la paresse et la peur. L'esclave qui se rachète par un travail énergique vaut mieux que l'affranchi qui s'amoindrit dans une vie stérile et sans honneur.

Mais il y a des hommes qui ont le courage de regarder les choses en face et l'intrépidité d'en entreprendre la réforme : l'état d'infériorité où se trouvent en France, comme nous l'avons vu, d'une part l'esprit général, de l'autre la doctrine catholique, ne saurait les laisser indifférents. C'est par l'intelligence et par la supériorité intellectuelle que les peuples arrivent à la prééminence, et c'est par la doctrine que la religion maîtrise et perfectionne les âmes; car l'homme est, avant tout, un être intelligent. Assurément la doctrine ne suffit pas : elle peut être trahie par les cœurs lâches et les hommes perfides, mais elle est indispensable; et quand le Christ serait mort vingt fois pour nous sauver, s'il n'eût été le Verbe, c'est-à-dire la Sagesse, la Raison infinie, la Vérité absolue, il n'eût pas conquis le monde.

Lorsque, attentifs au mouvement des choses divines et humaines, vous voyez le niveau intellectuel s'abaisser dans un peuple et la doctrine perdre son rang d'honneur dans l'intelligence des croyants; lorsque, pour employer une image de nos Saints Livres, « le soleil s'obscurcit comme un sac de crins (1); » tremblez pour ce peuple et craignez pour cette croyance, l'un et l'autre sont en décadence; ils seront bientôt finis.

(1) Apocalypse, chap. vi.

Je n'ai de telles craintes, ni pour mon pays, ni surtout pour ma foi. Ma foi a des promesses d'immortalité infaillibles, car elles sont divines; et mon pays a des ressources qui ne permettent pas de mourir ainsi. Cependant la Providence ne peut vouloir des effets sans cause, et si le catholicisme doit reconquérir son vieil empire sur les générations nouvelles, si la France doit se relever, ce ne pourra être qu'à la condition de voir le niveau intellectuel monter dans notre peuple, et la haute doctrine donner un nouvel éclat à notre antique foi.

Peut-on accueillir de telles espérances? Comment se réaliseront-elles? Voilà le problème. Ces résultats ne sauraient se produire que sous l'influence de l'enseignement supérieur : il faut voir ce qu'il est.

CHAPITRE V.

Ce que doit être l'enseignement supérieur, ou les trois synthèses doctrinales.

L'enseignement supérieur peut se prendre tel qu'il est ou tel qu'il devrait être. Envisagé tel qu'il est, en France du moins, rien n'est plus simple à définir. « Il est un fait qui a « existé de tout temps et qui existe partout. « Ce fait s'est produit sous une forme déter- « minée, sous la forme de ce qu'on appelle « les quatre, cinq ou six facultés. Ces facultés, « ce sont les cours où l'on reçoit l'enseigne- « ment supérieur, au sortir de l'enseigne- « ment secondaire. Si on ajoute à ces facultés « les écoles spéciales, le Muséum, le Collége « de France, l'École polytechnique, on a ce « que, dans le langage général de l'Europe, « on a appelé l'enseignement supérieur. » Ainsi s'exprimait M. Guizot dans la commission extra-parlementaire nommée par le ministère du 19 janvier pour l'établissement et l'organisation de l'enseignement supérieur.

Il comprend, comme on le voit, « cet en-
« seignement qui vient, non pour tous, mais
« pour l'élite des esprits, compléter et cou-
« ronner l'enseignement donné dans les
« écoles secondaires, colléges et lycées de
« l'État ou institutions libres (1). »

En se plaçant encore au point de vue du fait, Monseigneur d'Orléans, dans un éloquent discours à l'Assemblée nationale, le définissait ainsi : « C'est le savoir humain
« dans sa dignité la plus haute; c'est, par
« conséquent, la plus haute éducation, la
« plus haute culture de l'intelligence hu-
« maine; c'est, par conséquent, la forme
« la plus distinguée, l'expression la plus
« solide et la plus brillante de la civilisation
« intellectuelle d'un pays.

(1) *Revue des Deux-Mondes,* 15 janvier 1875. De la Liberté de l'enseignement supérieur, par M. E. Vacherot.

« Et, s'il faut le définir plus précisément,
« l'enseignement supérieur, ce sont d'abord
« les lettres dans ce qu'elles ont de plus
« noble, de plus élevé et de plus exquis,
« et, je l'ajouterai, de plus religieux et de
« plus civilisateur; les lettres qui renfer-
« ment, avec les littératures anciennes et
« modernes, l'étude des langues, de la philo-
« sophie, de l'histoire et de cette géographie
« qu'on nous accuse tant de ne pas savoir
« assez.

« Ce sont encore les sciences, les sciences
« si belles en elles-mêmes et dans leurs
« grandes théories, et si fécondes en inven-
« tions et en applications de toutes sortes à
« l'industrie, à l'agriculture et au commerce.
« Et parmi elles, il faut distinguer avec
« honneur les sciences médicales, qui for-
« ment les hommes habiles dans l'art de
« guérir; il faut distinguer aussi ces belles
« études du droit, du droit (mouvement)
« dont le nom seul est un honneur et une
« force; du droit, qui forme les grands

« magistrats, les jurisconsultes, les ad-
« ministrateurs, les hommes politiques, les
« législateurs, et tous ces hommes que je
« nommerais volontiers les fils aînés des na-
« tions, parce qu'elles les envoient pour se
« rencontrer sur les hauteurs sociales et
« quelquefois dans des assises solennelles
« comme les vôtres, messieurs, parler, s'ils
« le peuvent, la même langue, s'expliquer
« et s'entendre sur les intérêts généraux de
« l'humanité. (Applaudissements prolongés.)

« Vous voyez, messieurs, qu'il est ici ques-
« tion des plus belles études littéraires,
« scientifiques, historiques et philosophiques,
« et de cet enseignement qui prépare à
« toutes les carrières libérales et à la vie
« publique. S'il y a quelque chose qui soit
« honorable à l'égal de tout, et qui importe
« essentiellement à la civilisation et à l'a-
« venir de la France, c'est un tel enseigne-
« ment (1). »

(1) Assemblée nationale, séance du samedi 4 décembre 1874.

Ces définitions descriptives ne manquent certes ni d'élégance, ni de coloris; elles disent ce qui est, mais non ce qui doit être; elles mettent bien sous les yeux ce qu'on est convenu d'appeler l'enseignement supérieur, mais elles ne font qu'en indiquer à peine la nature vraie. Comme le fait qu'elles décrivent est confus, comme tout le savoir humain est enseigné pêle-mêle, elles restent elles-mêmes confuses; et l'esprit ne se rend pas un compte exact de ce que doit être l'enseignement supérieur bien compris.

Grâce à ces descriptions pompeuses, mais vagues, on perpétue des malentendus regrettables qu'il y aurait profit à éviter ou à éclaircir. Je suis convaincu qu'un sceptique, un positiviste, un déiste et un catholique ne peuvent pas entendre un tel enseignement de la même manière. Pourquoi alors ne pas formuler clairement sa pensée, et voir sur quel point porte l'entente ou la division? Ainsi il y a telles sciences, les sciences philosophiques par exemple, que le positiviste écarte du savoir humain comme autant de chimères, et qui, pour le philosophe, en occupent le faîte. En revanche, le philosophe rationaliste dédaigne la théologie, comme une science professionnelle réservée au clergé, et pour le chrétien, elle doit être placée au premier rang. Donc, on ne s'entend pas sur la nature de l'enseignement supérieur : sous la même expression se cachent des sens divers et très-contraires qu'il importe de préciser et entre lesquels il est nécessaire de choisir le vrai, si l'on veut éviter les équivoques.

Pourquoi, dans les longs débats parlementaires, souvent admirables d'éloquence, les catholiques n'ont-ils pas défini nettement ce qu'ils entendaient par l'enseignement supérieur? Du même coup la discussion était éclaircie et élevée. Ils pouvaient dire : « L'enseignement de l'État ne se donne pas dans le sens et dans l'esprit de notre religion; il laisse en dehors de ses programmes tout un ordre de sciences, les sciences religieuses, que nous voulons communiquer à nos fils. Nous revendiquons la liberté à un double titre; d'abord pour les soustraire à l'influence d'hommes parfois hostiles et souvent étrangers à notre culte; ensuite et surtout pour leur communiquer un enseignement tel que la doctrine catholique et les besoins de notre foi le réclament. »

La conclusion logique d'une lutte ainsi engagée, c'était la liberté totale au lieu de la liberté partielle que nous avons conquise. Je m'explique : c'était non plus seulement la liberté d'être nous-mêmes des maîtres asservis à des programmes insuffisants et désastreux ; c'était la liberté de rédiger nous-mêmes nos programmes.

Comment! voilà un enseignement qui, même à son insu, tourne au scepticisme, et nous, pères, au nom de Dieu, de nos plus légitimes convictions, de notre autorité, au nom même de l'avenir de notre pays, nous n'aurons pas le droit de soustraire nos fils à une organisation doctrinale qui est leur ruine morale et religieuse! Nous n'aurons pas le droit de nous allier, afin d'organiser un enseignement qui fera d'eux de grands citoyens et de grands croyants!

Et qui donc pourrait équitablement s'insurger contre de si justes revendications? Il s'agit des droits les plus sacrés de la conscience individuelle, de l'autorité du père de famille et de la religion. Les méconnaître, c'est du despotisme, et un despotisme qui ne durera pas longtemps.

La conscience a tôt ou tard son jour, les liens dont on l'enchaîne ne tardent pas à se rompre. La rouille dévore vite ces fers mal forgés, cet acier de mauvaise trempe. La même force qui nous a donné la liberté partielle de l'enseignement à tous les degrés, n'eût pas tardé à nous rendre la liberté totale. Mais cette puissance invisible travaille quand même ; un jour elle éclatera.

Ce n'est pas assez pour nous de pouvoir construire des universités sur le modèle officiel ; ce n'est pas assez de pouvoir posséder des maîtres comme ceux de l'État ; ce qu'il nous faut, ce sont des maîtres comme nous les entendons, et des universités de notre style. Le droit commun milite pour cette dernière liberté comme il militait pour les autres et plus encore. Nous la revendiquons énergiquement. Ce n'est pas assez de préserver nos fils, il faut les former. Ce n'est pas assez de nous tenir toujours sur la défensive, il est temps de nous porter en avant. Nous avons l'air de vivants emprisonnés dans un tombeau, ayant peine à nous défendre contre les odeurs de mort qui nous pénètrent et les cadavres qui s'amoncellent : sortons du sépulcre et montrons-nous.

Mais auparavant, il est bon de le constater, pour tous, quel que soit le point de vue auquel on se place et la doctrine que l'on adopte, l'enseignement supérieur embrasse tout le savoir humain dans ses sommets les plus élevés. Rien ne lui est étranger, ni les mathématiques, ni les sciences, ni les langues, ni les arts, ni la littérature, ni l'histoire, ni la philosophie, ni la religion, en un mot rien de ce qui peut être l'objet d'une connaissance raisonnée et approfondie.

L'universalité est le trait fondamental qui distingue cet enseignement de tous les autres.

Il semble, dès lors, que l'entente soit facile, nécessaire même sur ce point, et que les esprits ne puissent y trouver le moindre ferment de division : c'est une erreur. Tous reconnaissent, il est vrai, que l'enseignement supérieur embrasse la totalité du savoir; mais tous ne s'en forment pas une synthèse identique, et tous ne donnent pas la même importance à certaines branches qu'à d'autres. Il y a plus, comme des sciences spéciales deviennent nécessaires à diverses professions, il suit de là que ces sciences prennent une valeur prépondérante, en raison de leur utilité professionnelle.

Ainsi deux éléments principaux sont de nature à diviser et, de fait, divisent les esprits sur l'objet de l'enseignement supérieur : l'utilité professionnelle de quelques sciences, et la synthèse qu'on se fait sur l'ensemble des connaissances humaines. Ce dernier élément explique le premier, et c'est lui surtout qui crée entre les intelligences, dans notre siècle et notre pays, d'infranchissables barrières.

Il est évident que si, pour moi, les sciences de l'ordre divin ne reposent que sur le fait contestable d'une révélation, je finirai par les écarter. Des raisons politiques me le défendent-elles? je les rejetterai à l'arrière-plan. Si, au contraire, les sciences de la nature contiennent tout ce qu'il y a de positif et de vraiment scientifique dans le savoir, je les mettrai en première ligne, et je ferai de leur étude la condition requise pour les plus importantes fonctions et les plus belles carrières.

On le voit, il est du plus haut intérêt pour nous de définir la nature vraie de l'enseignement supérieur; car, selon qu'on l'entendra de telle ou telle manière, la haute éducation intellectuelle du pays va prendre telle ou telle direction, au grand détriment ou au grand avantage du génie national, de notre prospérité matérielle, de notre progrès moral et religieux.

Or, il n'y a que trois manières fondamentales de concevoir l'enseignement supérieur; car l'ensemble du savoir humain ne comporte que trois synthèses possibles. Suivant que l'on se place au point de vue de la raison expérimentale, de la raison philosophique ou de la raison religieuse, on a la synthèse scientifique, la synthèse philosophique et la synthèse théologique. Et, qu'on le sache bien, ce ne sont point là des abstractions, mais des réalités vivantes, actives, qui se heurtent sous nos yeux, et au plus profond des intelligences dont l'autorité mène et domine l'opinion.

Sans doute, et c'est encore là un des caractères saillants de l'esprit contemporain, la masse des lettrés n'a plus le soupçon de l'ensemble des connaissances humaines. Tout est pêle-mêle dans les idées comme dans les choses. Le savoir n'est organisé que sous des étiquettes artificielles qui embrouillent l'esprit plus qu'elles ne l'éclairent. En effet, qu'est-ce que ces insuffisantes distinctions de lettres et de sciences? de sciences médicales et de droit? Dans tout cela que devient la philosophie? une branche des lettres. Mais ne comprend-elle pas aussi les principes généraux des sciences? Depuis quand l'art de penser ne serait-il qu'une section de la littérature, de l'art qui vise plutôt la perfection du style et des formes? Et la théologie? Où la place-t-on dans cette classification trop arbitraire? Dans les lettres? Dans les sciences? — Nulle part. Cette classification n'est point faite pour elle. — Je le veux : mais de quel droit excluez-vous la branche la plus importante de toutes les connaissances humaines? Qu'un sceptique ou un rationaliste agisse de la sorte, soit; mais un catholique! Et cependant combien n'ont dans la pensée que cette artificielle synthèse!

Il ne faut pas s'y méprendre, tous ne sont pas victimes de cette confusion mal déguisée par un ordre de pure apparence; des esprits conscients voient les choses et se rendent un compte précis des graves intérêts qui sont en jeu dans l'enseignement supérieur. Ils ne se font pas d'illusions naïves, ils savent que l'enseignement supérieur donne la mesure du niveau intellectuel, et par conséquent de la valeur réelle d'un pays; ils savent surtout qu'un tel enseignement tirera son caractère de la synthèse qu'auront adoptée ceux qui formulent les programmes.

Or, nous le répétons, il y a, en ce moment, trois synthèses en présence : la synthèse scientifique, la synthèse philosophique, la synthèse théologique.

La lutte est entre elles ; l'avenir appartiendra à celle qui aura triomphé : si aucune ne l'emporte, nous continuerons cette existence tourmentée qui fait à la fois notre faiblesse et notre supplice, en même temps qu'elle provoque la stupéfaction et la joie d'ennemis intéressés à notre décadence.

Il faut les juger, les regarder de près, les comparer l'une à l'autre, afin de discerner celle qui mérite nos préférences, et de nous y rallier, dussions-nous fouler aux pieds nos amours-propres de parti, nos préjugés et nos haines.

La synthèse scientifique règne parmi les savants. Absorbés par leurs études spéciales, sans autre méthode que l'observation et l'expérience, n'ayant d'autre levier que le calcul d'autre objet que la nature matérielle, ils ont perdu de vue le monde intime réservé à la conscience, et le monde divin de la foi. On est bien près d'oublier ce qu'on ne regarde plus, et il n'y a pas loin de l'oubli prolongé à la négation totale. Pour peu qu'on se voie attaqué dans cet oubli coupable et dans cette négation impie, il se trouvera un système tout prêt à justifier du même coup et l'oubli et la négation.

Quelles qu'en soient les causes, ce système existe; et l'on voit des savants supprimer sans honte, avec la philosophie, toutes les sciences de l'ordre humain, et avec la théologie, toutes celles de l'ordre divin. Les premières ne sont pour eux que les abstractions de l'esprit dupe de lui-même, les secondes sont des fantômes. Il ne reste de sérieux, à les en croire, que l'ensemble des sciences de la nature, avec les mathématiques à la base, et, au sommet, une philosophie qui se résume dans la somme des notions les plus générales des sciences. De cette base à ce sommet s'élèvent comme autant d'étages superposés les sciences particulières : elles prennent place l'une au-dessus de l'autre, suivant leur degré de simplicité ou de complication. C'est d'abord la physique et la chimie, puis la biologie et la sociologie. Telle est la synthèse des positivistes, formulée par M. Auguste Comte, et plus ou moins retouchée par M. Littré. Nous l'avons décrite, parce qu'elle est justement une de celles qui exercent un sérieux empire sur l'opinion ; et il n'est que temps de prémunir bien des intelligences déjà fascinées par elle et emprisonnées dans son cercle étroit.

Le tort des positivistes n'est pas de constituer ainsi la hiérarchie des sciences : nous l'acceptons comme eux. Leur faute est de ne rien voir au-delà.

J'ai hâte de le dire, l'université de France n'a point encore été envahie par cette doctrine nouvelle. Bien que l'on puisse, signaler plus d'une chaire illustre et avidement entourée, où cet esprit néfaste se produit avec éclat, le haut enseignement officiel reste fidèle à son origine. Né sous le patronage de la philosophie spiritualiste, plus ou moins entaché de voltairianisme, plus ou moins hostile ou respectueux envers la religion révélée, il est resté à peu près ce que l'ont fait ses premiers maîtres et ses aïeux.

Parcourez les ouvrages les plus renommés de ces professeurs éminents. Allez aux philosophes, interrogez les littérateurs et les historiens, consultez les philologues, les légistes et les savants spiritualistes, demandez-leur quelle est leur synthèse philosophique : d'ordinaire ils n'en ont pas, et c'est à peine s'ils s'en préoccupent. M. Ampère est le seul qui ait hasardé une classification de toutes les connaissances humaines (1). Il a échoué.

(1) Essai sur la philosophie des sciences, ou Exposition analytique d'une classification naturelle de toutes les connaissances humaines.

Rien de moins lumineux que cet interminable catalogue où la multiplicité des détails secondaires fait perdre de vue les grandes lignes d'un ensemble d'ailleurs insuffisant.

Les philosophes vivent repliés sur eux-mêmes, étudiant laborieusement, à la clarté de la conscience, ce moi humain dans lequel ils savent à peine reconnaître les traces de la divinité. Les littérateurs s'inspirent de cette doctrine qu'on nomme vaguement le spiritualisme, et qui, malgré certains grands côtés, ne peut échapper à l'imperfection de ses origines. Les soi-disant spiritualistes ont plutôt une sorte d'esprit commun qu'une synthèse proprement dite. Au point de vue où ils s'étaient placés, pouvaient-ils en avoir une? Ce point de vue favori, c'est la raison individuelle, c'est le moi interdisant à Dieu de se révéler dans une religion positive et trop occupé de lui-même pour se livrer à l'âpre labeur des sciences de la nature. Il résulte de là, qu'excellente aux analyses psychologiques, cette école sans avenir comme sans tradition était condamnée à laisser en dehors d'elle ou dans un isolement auquel elle ne pouvait remédier, soit les sciences exactes et positives, soit la pensée et la doctrine religieuse de l'humanité.

S'il faut renoncer à trouver une synthèse dans l'école rationaliste, il n'en est pas de même dans la vraie tradition du dogme catholique. Je dis la vraie, afin qu'on ne nous objecte pas cette tradition restreinte dont se prévalent à tort certains esprits, et qui n'est souvent que la défroque doctrinale d'un siècle usé ou d'une race ayant fait son temps. La vraie tradition catholique est universelle, comme son nom l'indique, elle embrasse tous les siècles et repose tout entière sur la théologie ; or la théologie est la science synthétique par excellence. Il n'en est pas qui prenne les choses à un point de vue plus élevé, qui leur fixe une loi plus haute, un principe plus sublime et une fin plus parfaite. Rien n'échappe à la magnifique envergure de son horizon : ni les sciences de l'ordre divin, puisqu'elle est la science même de Dieu ; ni les sciences de l'ordre humain, la philosophie par conséquent, puisqu'elle les fait servir à l'explication rationnelle des mystères de Dieu ; ni enfin les sciences de la nature, puisqu'elle voit dans toute création visible le reflet des *invisibles de Dieu.* Quelle est la pensée humaine, je le demande, quelle est la doctrine qui ne soit contenue ou dans l'ordre scientifique, ou dans l'ordre humain, ou dans l'ordre divin ?

La théologie est donc la synthèse absolue ; elle contient toutes les autres et ne saurait être contenue par elles. A moins de se fixer volontairement d'arbitraires limites, l'enseignement supérieur ne doit pas l'exclure ; sinon il ne sera qu'un enseignement supérieur mutilé.

Or, nous l'avons établi, tous les systèmes,

celui des positivistes, aussi bien que celui des rationalistes, chacun pour des motifs divers, mais tous de parti pris, laissent à l'écart la théologie et les sciences religieuses. Aucun d'eux n'embrasse la totalité du savoir, et la doctrine catholique, qu'on croit si exclusive et si rétrécie, mérite seule, au contraire, le titre d'universelle. Nous le revendiquons pour elle, d'autant plus ardemment qu'on le méconnaît davantage, et que nul autre ne marque mieux la supériorité d'une doctrine.

La liberté met en présence les trois synthèses que nous venons de passer en revue. La synthèse spiritualiste est pour le moment maîtresse; elle règne dans le corps enseignant de l'université. Mais on l'a vue à l'œuvre : loin de satisfaire nos convictions philosophiques et religieuses, elle les froisse, elle les mine; et, d'autre part, elle est menacée par la synthèse positiviste qui, usant du prestige que les sciences lui confèrent, ne prétend à rien moins qu'à écarter ce spiritualisme impuissant et timide.

La lutte est ouverte; le champ clos, c'est le pays; l'arme, les universités. Le catholicisme et le positivisme vont se disputer l'âme de la France.

CHAPITRE VI.

Ce que doit être une Université catholique.

La preuve la plus décisive que le catholicisme puisse donner aujourd'hui de sa vitalité, ce sont ses universités libres. C'est dans ces foyers lumineux qu'il révélera sa doctrine si peu connue souvent de ceux-là même qui le professent et le défendent; c'est de là qu'il pourra s'imposer par l'autorité de l'intelligence. Il prouvera enfin que, s'il a dans son culte les splendeurs qui frappent l'imagination des foules, dans sa hiérarchie, une puissance qui lui permet de défier les siècles et de résister à tout; il a, dans ses dogmes, une doctrine universelle qui, éclairant tous les horizons, révèle la vraie synthèse des sciences, commande aux esprits les plus exigeants, et peut seule triompher de l'anarchie intellectuelle.

Voilà l'œuvre urgente, l'œuvre sur laquelle doivent se concentrer tous les efforts et tous les dévouements, toutes les lumières et toutes les ressources. Il est bien temps que la théologie renaisse, que la forte lignée des docteurs vienne enseigner aux hommes une vérité qui leur manque, et réconcilier les sciences humaines avec la foi divine, les peuples libres avec leurs religieuses traditions, si propices à toutes les vraies libertés. Les passions se tairont peut-être enfin devant la lumière, comme les bêtes fauves disparaissent devant le jour. La charité est sœur de la vérité; et Jésus-Christ, le Verbe de Dieu, a revêtu la plus douce forme humaine. Un prophète a dit de lui qu'il n'éteindrait pas la mèche qui fume encore et ne romprait pas le roseau à demi brisé. Quand on le comprendra mieux, on cessera cette polémique où trop souvent l'injure tient lieu de raison et où la religion n'a qu'à perdre, même lorsqu'elle triomphe à l'aide de moyens si indignes d'elle. Il y va de notre honneur. Rien ne nous déconsidérerait plus que l'étalage de notre impuissance doctrinale devant un siècle qui fait profession de mettre la science au-dessus de tout, et lorsque nous-mêmes nous nous disons envoyés de Dieu pour enseigner la vraie sagesse à ce monde qui ne la connaît pas.

Mais, comme il est impossible de fonder et d'organiser ce que l'on ne connaîtrait point ou ce que l'on connaîtrait mal, il faut nous demander ce que doit être une université catholique.

L'université n'est pas seulement un local, un asile où se donne l'enseignement supérieur, exactement comme le Conservatoire est un lieu où se forment les artistes, les salles de concert un lieu où chantent les virtuoses. M. Renan, dans une lettre au *Journal des Débats*, l'a prétendu ; mais sur quoi se fondait-il ? C'est matérialiser les choses que de les réduire ainsi à une question de local, quand il s'agit de la vérité et de l'enseignement. M. Jules Simon a été bien mieux inspiré dans son discours du mardi 15 juin 1875, à l'Assemblée nationale, lorsqu'il disait : « Une université, une école, « n'est pas un asile matériel que nous don- « nons contre le vent et la pluie aux gens « qui voudront enseigner des choses quel- « conques : espèce d'hôtel ouvert à toutes « les doctrines. Pour être une école ou une « université, il faut avoir une doctrine en « commun. » Et en effet, c'est bien sous cette forme que se présentent à nous les écoles et les universités qui ont laissé un nom immortel dans les annales de l'esprit humain. Qu'importent le local, la ville, le peuple, le continent même où s'enseigne la vérité ? Ce qui est tout, c'est le maître; ce qui est tout, c'est la doctrine.

Au temps où le christianisme régnait, les universités avaient dans la foi un fond commun qui les liait l'une à l'autre; ce qui les distinguait entre elles; c'était la diversité des opinions; diversité qui se traduisait ici dans les questions de la grâce, ailleurs dans celles de l'Incarnation ou de la Trinité, et qui, aujourd'hui même, là où subsiste encore la vieille tradition chrétienne, entretient une véritable émulation entre les diverses écoles. C'est donc une doctrine commune qui constituera vraiment l'université.

Lorsqu'une conviction s'empare d'une intelligence, le premier vœu de cette âme est de voir la vérité qui l'éclaire rayonner au loin, conquérir peu à peu les autres intelligences, comme elle a conquis la sienne. Une doctrine naît : il faut que le maître appelle d'abord autour de lui quelques disciples; il faut qu'il fasse école, et qu'ainsi, par le bénéfice de l'association dans la lumière, la vérité centuple la vitesse et l'étendue de son rayonnement. C'est par là que les universités se forment, que les doctrines se propagent et qu'elles peuvent couvrir le monde.

Les temps sont passés où le christianisme dominait seul ou à peu près dans notre pays et dans presque tout le monde civilisé. Pour ne parler que de la France, trois doctrines principales, nous l'avons indiqué déjà, se disputent les esprits et aspirent au singulier honneur de les soumettre et de les rallier : la doctrine positiviste, la doctrine rationaliste, la doctrine catholique. Ces trois systèmes entendent l'enseignement chacun à leur manière ; ils correspondent aux trois synthèses que nous avons précédemment décrites; ils ont à leur service des hommes plus ou moins éminents, plus ou moins nombreux, dont le zèle n'est pas près de se refroidir ni le prosélytisme de s'immobiliser.

Je jugerai donc une université d'après ces doctrines, et, suivant que j'y verrai prévaloir celle-ci ou celle-là, j'aurai le secret de son enseignement et de l'esprit de ses maîtres. Peut-être parmi les catholiques, y a-t-il, à ce sujet, plus d'une illusion : il faut les dissiper. Peut-être y a-t-il dans leurs idées certaine confusion : il importe de l'éclaircir.

Lorsqu'on a lu, avec l'attention qu'ils méritent, les débats du parlement au sujet de l'enseignement supérieur, on reste convaincu que ce qui a poussé les catholiques à réclamer la liberté, c'est surtout une pensée de préservation.

Comprenant que l'âme de leurs fils courait de grands périls dans un enseignement et avec des maîtres dont rien ne leur garantissait l'orthodoxie, ils se sont dit : « Pourquoi subirions-nous plus longtemps une pareille situation ? Elle est attentatoire à la liberté de nos consciences, humiliante pour une religion qui peut bien commander aux hommes, puisqu'elle vient de Dieu, mais qui jamais ne saurait leur être asservie et dont le premier droit est l'indépendance; elle menace ce que nous avons de plus précieux : la foi de nos fils. L'heure est venue, il faut nous affranchir. »

Ces sentiments très-légitimes ont trouvé un éloquent interprète dans M. Chesnelong.
« Pourquoi donc, s'écriait-il, la liberté de l'en-
« seignement supérieur est-elle si vivement
« réclamée par les uns et si ardemment com-
« battue par les autres? Pourquoi excite-t-elle
« les préoccupations non-seulement des sa-
« vants, mais aussi des familles? Pourquoi
« éveille-t-elle une émotion si universelle et
« si vive? C'est qu'il ne s'agit pas seulement
« d'enseigner plus ou moins bien le droit, les
« sciences et la médecine ; il s'agit pour les
« pères de famille de savoir dans quel es-
« prit leurs enfants seront élevés. Il s'agit,
« permettez-moi de le dire, pour les familles
« chrétiennes de voir se former, sous la
« protection de la liberté générale, des uni-
« versités où *l'âme de leurs enfants pourra être*
« *préservée,* en même temps que leur intel-
« ligence sera fortifiée et agrandie ; voilà
« le fait (1). »

(1) Assemblée nationale, séance du mardi 15 juin 1875.

Les applaudissements de la droite ont bien montré à l'honorable député qu'il avait exprimé avec autant de justesse que d'éloquence les idées et les sentiments de son parti. Il n'y a plus à en douter, ce qu'ont voulu avant tout les catholiques, c'est de préserver l'âme et la foi de leurs fils. Rien de plus naturel. Lorsqu'on est en péril, le premier besoin est de se garantir; il faut d'abord se mettre à l'abri, en attendant qu'on soit assez fort pour reprendre l'offensive. C'est à cette loi de conservation instinctive qu'ont obéi les catholiques : qui serait en droit de les blâmer ?

Nous allons donc voir se fonder, à côté des universités de l'État, une ou plusieurs universités libres où l'on enseignera les mêmes sciences : le droit, la médecine, les mathématiques et l'histoire naturelle. Rien ne sera changé. La seule différence qu'on trouvera entre les unes et les autres, c'est *le maître;* dans les premières il ne sera peut-être pas toujours un croyant, un orthodoxe; dans les secondes, au contraire, il ne sera jamais en hostilité avec la foi. S'il n'en montre pas toujours la sublimité et la puissance, du moins il en respectera les dogmes sacrés.

Dieu me garde de méconnaître les avantages d'un pareil enseignement; mais il y aurait une grande illusion à appeler une telle université du nom de catholique.

Ce qui fait une école, ce n'est pas tant le maître que le programme; car c'est du programme surtout que dépendent l'esprit et la doctrine.

Or, dans les universités que nous avons en vue, il n'y a de changé ni les programmes, ni la doctrine enseignée, mais le maître seul; j'en conclus que ce sont plutôt des universités fondées et régies par des catholiques, que des universités catholiques proprement dites. Elles excelleront peut-être à préserver la foi des étudiants; elles ne sauront la communiquer dans son énergie, dans sa splendeur doctrinale. Elles augmenteront un peu nos forces défensives; elles ne nous donneront point cette offensive hardie, qui est le propre de tout homme convaincu, et sans laquelle nous ne reprendrons jamais la direction intellectuelle et religieuse du monde. Une telle école empêchera peut-être nos soldats de mourir, mais elle n'en fera pas des vaillants aguerris : elle sera plutôt un asile ou un refuge qu'un camp où l'on s'exerce à la manœuvre et un avant-poste où l'on fait l'apprentissage du combat.

Bref, elle ne sera qu'une université de préservation. Il est bon de commencer par là ; il serait dangereux de s'y arrêter.

Ce qu'il nous importe de fonder, ce ne sont pas des succursales de l'université d'État dirigées par des catholiques; mais des universités catholiques vraiment dignes de ce nom. Défions-nous des étiquettes mensongères, et ne soyons pas la dupe des mots.

Prenons-y garde, car il y va de l'avenir de notre religion et de notre patrie. Il serait lamentable, en vérité, que de pareils intérêts fussent compromis par une trompeuse enseigne !

Qu'est-ce donc qu'une université catholique ? Il est intéressant de le rechercher et de le dire, afin qu'on ne confonde pas les premiers essais qui sont tentés avec les chefs-d'œuvre qu'on réalisera plus tard, s'il plaît à Dieu.

L'université catholique ne méritera son nom que le jour où elle enseignera tout le savoir humain tel que le comprend la doctrine chrétienne. Or les chrétiens conscients de la grandeur de leur foi ne comprennent le savoir humain ni à la manière du positiviste, ni à la façon du matérialiste, ni comme le rationaliste plus ou moins spiritualiste. Si tous l'entendaient de même, on ne s'expliquerait pas l'acharnement avec lequel ils luttent pour avoir le droit d'enseigner.

Sauf les mathématiques pures, aucune des grandes questions qui se posent dans les sciences naturelles, dans les sciences de l'homme ou dans la science divine n'est résolue par eux d'une manière identique. Il y a des problèmes que le positiviste supprime de la science, celui, par exemple, des origines premières et des finalités, et qui, pour nous, philosophes et chrétiens, occupent le plus haut faîte de la pensée. Le rationalisme dédaigne les mystères profonds de la vie intime de Dieu et la révélation du Christ; et ces mystères sont le principe même de la science sacrée. Donc, le savoir humain n'est pas le même pour ceux qui suivent l'enseignement révélé et pour ceux qui adhèrent à d'autres doctrines.

A quoi bon insister sur une vérité aussi manifeste? Ce qu'il importe de bien mettre en lumière, c'est la nature même de l'université catholique et la différence essentielle qui la distingue des autres.

Notre université doit être éminemment

théologique, en ce sens que le haut enseignement de la religion et les sciences de l'ordre divin doivent y tenir la première place. Cela va de soi, car ce qui caractérise notre savoir, c'est la part souveraine qu'y occupe la théologie. On pourrait définir la doctrine catholique : la science de Dieu et de toutes choses, en tant qu'elles se rapportent à Dieu, comme à leur principe, leur loi suprême et leur fin. Or, notre université devant communiquer aux hommes la doctrine catholique, il est nécessaire qu'elle affirme la science sacrée dans toute sa splendeur : là est sa marque certaine.

Il importe aujourd'hui plus que jamais qu'il en soit ainsi. A cette heure où la science de Dieu paraît tomber dans un si profond discrédit, où la religion semble, même à ses fidèles, avoir perdu sa puissance doctrinale, où la philosophie et les sciences rationnelles ne rencontrent plus qu'une critique dissolvante, ce serait une trahison, si nous, catholiques, subissant ce fâcheux état de l'opinion, nous imitions dans notre enseignement nos ennemis eux-mêmes. La théologie est dédaignée, méconnue, incomprise : relevons-la ; donnons-lui la place qu'elle mérite.

Qu'elle sorte enfin des séminaires et qu'elle paraisse au grand jour. Il est temps d'éclairer les intelligences et de vaincre les erreurs qui profitent de son absence pour mieux séduire les esprits et s'étaler avec plus d'audace.

La pierre angulaire d'une université catholique qui ne veut pas mentir à son titre, c'est une faculté de théologie dans laquelle seraient largement enseignées toutes les sciences de l'ordre divin. Tant que cette base nécessaire ne sera point établie, nous n'aurons que des universités libres, faisant à l'État une concurrence plus ou moins heureuse. — Mais quoi ! dira-t-on, ne comptez-vous pour rien la discipline plus sévère à laquelle nous astreindrons la jeunesse confiée à notre garde? Est-ce peu que de veiller à la pratique religieuse de ces jeunes gens qu'une émancipation trop précoce livre sans merci à des dangers qu'on ne sait pas assez prévenir? Que manquera-t-il à cette jeunesse à laquelle des professeurs choisis viendront enseigner le droit, la médecine, les lettres et la philosophie, sans jamais blesser les croyances chrétiennes, que dis-je? en s'efforçant même de mettre toujours le droit, la médecine, les lettres et la philosophie en harmonie avec les dogmes de l'Église?

Assurément voilà de grands avantages : ils seront aperçus du premier coup par un esprit droit et pratique. Mais le point capital n'est pas là. Ce qui manque le plus à notre jeune génération lettrée, ce ne sont pas les moyens de préservation, ce n'est pas même la pratique religieuse, ce ne sont pas les professeurs assez chrétiens pour ne point attenter à leur foi dans l'enseignement des lettres ou des sciences; ce qui lui fait le plus défaut, et dont rien ne tiendra lieu, c'est la

Doctrine catholique. Comment sera-t-elle connue, cette doctrine trop généralement ignorée, si nos universités ne l'enseignent pas?

A vrai dire et pour ne rien déguiser de notre pensée, nous nous défions de ces croyants zélés qui, très-habiles dans une science inférieure, mais ignorants de la théologie, voudraient s'ériger imprudemment en apologistes de la Foi. De tels hommes poussent souvent à des exagérations compromettantes ; et les soi-disant défenseurs deviennent ainsi plus redoutables à une cause que de perfides adversaires. Chacun doit rester dans sa sphère : qu'un mathématicien fasse des mathématiques, un chirurgien de la chirurgie, un chimiste de la chimie, un physicien de la physique, un philologue de la philologie. En de telles sciences, il y a des faits et des lois qu'il faut recueillir avec précision et clarté. Tout ce que je demande à un professeur, c'est une science irréprochable; le meilleur pour moi sera le plus habile.

Quant aux sciences mixtes, dans lesquelles la religion et la foi se trouvent mêlées, telles que l'histoire, le droit, la médecine et surtout la philosophie, il est impérieusement nécessaire que le maître soit fortement instruit dans la religion et dans la foi. S'il ne l'est pas, qu'il ait à côté de lui les docteurs et les théologiens. Ils l'empêcheront d'exagérer une doctrine que sa ferveur et son zèle seraient tentés de pousser à l'excès; ils ouvriront à sa science des horizons nouveaux où elle trouvera une lumière plus abondante, et, dans tous les cas, une sûreté de doctrine indispensable.

De tels résultats seront faciles dans une université où la théologie serait enseignée; mais là où elle ne le serait pas, là où elle ne le serait que superficiellement, comment les atteindre?

On le voit, de quelque côté qu'on envisage

la question, et même au point de vue des avantages immédiats qu'on espère, les facultés de théologie apparaissent comme le centre autour duquel toutes les autres facultés, dans une université catholique, doivent rayonner. Elles sont par rapport à ces facultés ce que l'enseignement de la religion, pour tout catholique, est par rapport aux autres enseignements, c'est-à-dire la base et le faîte tout ensemble.

Pourquoi, dans nos universités, ne renoncerait-on pas une bonne fois à cette classification arbitraire de lettres et de sciences qui a le double tort d'être incomplète et dangereuse, de laisser de côté des connaissances de premier ordre, et de les grouper sous un titre insuffisant ? Revenons à la hiérarchie naturelle des sciences telle que la théologie nous la révèle. Si on donne à la médecine et au droit une place à part, à raison de leur importance professionnelle, et des connaissances presque universelles qu'ils supposent, qu'on rattache logiquement la médecine aux sciences et le droit à la philosophie.

Il semble que tout ceci ne soit qu'une affaire d'étiquette, rien n'est plus faux. L'étiquette a son importance: juste et précise, elle dirige l'esprit; mensongère et vague, elle l'égare et contribué à le fausser. En veut-on la preuve? Depuis plus d'un demi-siècle on a retranché la religion, comme doctrine, de l'ensemble du savoir, on l'a supprimée des programmes officiels ; regardez : elle a fini par disparaître des intelligences. Elle compte encore comme institution, comme loi morale, comme culte, elle est restée un sentiment pieux; elle n'est plus la doctrine souveraine qui domine toutes les autres, comme elle est la société la plus vaste, embrassant dans sa catholicité tous les peuples. A qui la faute? à l'étiquette du programme.

Eh bien, que les catholiques y veillent. Le premier soin de leurs universités doit être d'affirmer ceci : il y a trois ordres de sciences : les sciences de la nature, les sciences de la raison philosophique, les sciences de l'ordre divin. L'enseignement supérieur jusqu'à présent s'est limité aux deux premières, nous ne pouvons souscrire à une pareille mutilation. Au nom même de la vérité, au nom de l'universalité qui est le caractère premier de l'enseignement supérieur, nous rendons aux sciences naturelles et aux sciences humaines leur couronnement, en y ajoutant les sciences de l'ordre divin.

Manquerons-nous à ce devoir? Nous ne voulons pas le craindre ; et si, au début, nos universités ne semblaient point s'en préoccuper assez, nous attendrions mieux d'un prochain avenir.

CHAPITRE VII.

De l'Organisation pratique des universités catholiques.

La fondation d'une université est une œuvre immense. Pour peu qu'on réfléchisse aux éléments qu'elle suppose, on demeure effrayé. Les catholiques de France ont montré une foi pleine d'audace, et qui ne se justifiera que par le succès, en jetant, dès le lendemain de la loi sur la liberté de l'enseignement supérieur, les germes de quatre ou cinq universités libres. N'eût-on pas mieux fait de s'entendre et de concentrer tous les efforts sur la création d'une première université qui eût été la mère ou le modèle des autres? On peut le penser. Un seul ouvrage important vaut mieux que six médiocres qu'une concurrence intempestive viendra affaiblir encore. Une université imposante par le nombre des élèves, le renom des maîtres, l'abondance des ressources, surgissant comme par enchantement, au premier signal de la liberté, eût été une fière affirmation de notre vitalité religieuse, et eût montré avec une singulière éloquence combien nous étions mûrs pour une liberté dont nous savions faire un si grand usage.

Il n'en sera pas ainsi : nos débuts seront modestes et nous perdrons en vigueur peut-être ce que nous avons cru gagner, en éparpillant nos ressources, nos lumières et nos forces.

Malheureusement, l'entente est difficile. Les généraux veulent tous commander un corps d'armée et gagner une victoire; nous savons pourtant ce qu'un tel système produit, et pouvons-nous avoir si vite oublié qu'il mène à la déroute et à tous les désastres ?

Je me reprocherais de nourrir de tels pressentiments devant un berceau fragile, il est vrai, mais protégé de Dieu. Il y a mieux à faire que de pronostiquer des échecs; il faut éveiller le zèle de tous les croyants. Rien ne peut atteindre plus sûrement ce but qu'un aperçu général sur l'organisation pratique de l'enseignement supérieur. En voyant tout ce qu'elle exige, on saura que nous n'avons à être ni insouciants ni parcimonieux ; en mesurant la grandeur de l'œuvre, on aura confiance dans l'avenir, et on ne s'effraiera point de l'infirmité des débuts. Le temps est nécessaire à toute œuvre grande. Il faut savoir attendre, lorsqu'on jette en terre le gland qui doit devenir un chêne.

L'organisation pratique d'une université soulève quatre questions d'une importance capitale : la question du matériel, la question des finances, la question du corps professoral, le recrutement des élèves. Pas d'université possible sans élèves, sans maîtres, sans argent pour les faire vivre, sans bâtiments pour les abriter. Pas d'université prospère sans un recrutement d'élèves abondant et certain, sans un corps professoral éminent par la science, le zèle et la cohésion, sans un matériel complet, sans des finances assurées.

Les catholiques, en fondant, à leurs risques et périls, leurs jeunes universités, sont donc forcément amenés à se demander où ils puiseront les ressources financières, comment ils se muniront du matériel requis, où ils prendront leurs professeurs et de quelle façon se recruteront les élèves. Mais, avant de convoquer les élèves, il faut avoir des maîtres pour les enseigner, et, comme l'enseignement ne se donne pas en plein vent, il faut de vastes demeures pour réunir élèves et maîtres. Je ne parle pas des bibliothèques, des collections, des musées, des laboratoires, des amphithéâtres de dissection, des hôpitaux, des jardins botaniques, et que sais-je encore? L'outillage de la science est presque aussi volumineux que celui de la guerre, et l'art de connaître a ses arsenaux non moins coûteux que les arsenaux de l'art militaire.

Enfin tout cela ne se trouve pas sans argent.

L'argent, voilà donc le premier besoin des universités naissantes et leur première condition d'être. Les catholiques ne l'ignorent pas; ils savent que, si la foi est la première puissance de la terre, l'argent est son premier esclave.

Où le trouveront-ils? Une telle question ne nous a jamais arrêtés dans nos saintes entreprises. On peut ouvrir l'histoire à toutes les pages; et à toutes les pages on verra qu'en cherchant le règne de Dieu et sa justice, le reste, y compris l'argent, nous a toujours été donné par surcroît. Quand une œuvre est voulue de Dieu, voici ce qui se passe : elle commence par préoccuper les esprits. Dieu en inspire l'idée à quelques âmes d'abord, à la masse ensuite; l'idée fait explosion, et ne tarde pas à passionner ceux qu'elle éclaire. Lorsqu'une pensée provoque ainsi une noble passion, elle est maîtresse. Aucun dévouement ne lui manque, elle en suscite par milliers; ils viennent au-devant d'elle; on ne lui refuse rien, ni l'argent, ni l'honneur, ni même la vie.

Voyez l'idée chrétienne, voyez le christianisme. Le Christ n'avait pas une pierre où reposer sa tête, et maintenant il a des temples dans le monde entier; les empereurs vaincus ont jeté à ses pieds leurs couronnes, et lui ont ouvert leurs trésors; les princes et les grands lui ont abandonné leurs palais. Quand les rois et les maîtres de ce monde se sont lassés d'une telle munificence, le peuple, les pauvres, les enfants ont donné leur obole; et il s'est trouvé que le sou du pauvre a presque fait pâlir les donations somptueuses des rois.

L'argent n'a jamais manqué aux œuvres de Dieu. A-t-il manqué lorsque les chrétiens, sortant des catacombes, ont élevé à leurs martyrs et à leur Dieu les sanctuaires qu témoignent que les martyrs avaient vaincu et que Dieu était le maître? A-t-il manqué lorsqu'il fallut organiser les croisades? A-t-il manqué lorsqu'il fallut donner asile à ces légions d'âmes qui, éprises de Dieu, désertaient le monde et demandaient à la solitude un avant-goût des joies du ciel? A-t-il manqué lorsque l'Église a voulu déployer la majesté d'un culte que tous les arts ont contribué à enrichir? A-t-il manqué lorsque, dépouillé de tout, le Saint-Père a tendu la main à ses fils et a vu verser à ses pieds les trésors d'une charité sans bornes? A-t-il manqué à l'Église de France, lorsqu'au lendemain de la persécution qui avait saccagé ses temples, elle a voulu les reconstruire? A-t-il manqué à l'œuvre de la Propagation de la Foi, au denier de saint Pierre?

Pourquoi manquerait-il à nos universités naissantes? La charité catholique est comme le rocher d'Horeb : que la verge de Moïse le frappe, l'eau vive en jaillira toujours et abreuvera Israël.

C'est donc sur la charité chrétienne et sur elle uniquement qu'il faut compter.

Toutefois il importe de lui faire un pressant appel, de la réveiller, de la provoquer; et le premier moyen, c'est d'apprendre à tous les catholiques de France les graves intérêts engagés dans la fondation de leurs universités. Tant que le peuple chrétien, les pères et les mères, les ignorants et les lettrés, n'auront pas compris la portée d'une telle œuvre, ne comptez point sur les prodiges de la charité. Mais que les évêques, les pasteurs et les apôtres fassent entendre à tout catholique que l'honneur de sa foi, le triomphe de l'Évangile, le salut de ses fils, la réforme et la gloire de la patrie sont intéressés au plus haut point au succès de nos universités, et il n'est rien que nous ne puissions obtenir. Qu'on enseigne aux croyants que ce qui est le plus menacé aujourd'hui, c'est la foi; que l'ennemi le plus redoutable, c'est une science falsifiée et perfidement interprétée contre nos dogmes; que leurs défenseurs les plus robustes seront les hommes initiés à toutes les découvertes de la science, instruits de toutes les vérités de la raison, forts des enseignements de la Foi. Qu'on leur prouve que de tels hommes ne se forment pas tout seuls, et que la pépinière où ils germeront et grandiront, ce sont nos universités.

Des pères catholiques n'ignorent pas que l'âme de leurs fils, leurs convictions religieuses, leur avenir sont en péril dans l'enseignement insuffisant et quelquefois irréligieux qui leur est donné. Que de mères en ont pleuré! Il ne tient plus qu'à eux désormais d'avoir des garanties qui leur assurent la garde de leur trésor : qu'ils consacrent un peu de leur fortune à la création des universités catholiques.

Voilà ce qu'il faut dire et redire à tous les chrétiens. Le jour où ces idées auront pénétré dans les masses, vous verrez quel contre-coup elles produiront dans les cœurs. La charité ne marchande ni le dévouement ni l'or. Quand on a le secret de l'éveiller, on peut tout attendre d'elle ; il n'est rien qu'on ne puisse lui demander. Elle sera notre inépuisable ressource financière ; et elle qui sait fournir au pape dépouillé et appauvri un budget de roi ; qui, pour propager la foi aux quatre coins du monde, trouve, avec le simple sou du pauvre, des ressources par millions ; qui ne laisse pas une œuvre de bienfaisance en détresse, — et elles se comptent par milliers, — ne sera pas en peine pour soutenir ce nouvel édifice qui doit être, en notre pays, le boulevard de la foi. Ce n'est pas assez de l'asile, de l'école, ce n'est pas assez du collége, ce n'est pas assez du couvent, ce n'est pas même assez du temple, il nous faut un dernier monument pour compléter nos forteresses : il nous faut l'université.

Ce n'est pas peu dire. Le capital nécessaire à une université en plein exercice ne le cède en rien à celui qu'exigent d'immenses industries. La science qui marche à la conquête du vrai, aussi bien que l'activité qui remue la terre et prétend la dompter, a besoin d'un budget qui se chiffre par millions.

Les deux plus célèbres universités d'Angleterre ont des dotations splendides : Cambridge possède en capital 5,125,000 francs, Oxford n'a pas moins de 12,000,000 de francs. Il est vrai, rien dans les lois de la libre Angleterre n'est venu et ne vient encore porter atteinte à ce trésor d'autant plus inviolable qu'il sert à former à la science et à la religion l'élite de la jeunesse britannique.

En Amérique, dans le pays de la spontanéité et de l'indépendance individuelle, là où l'État laisse faire le citoyen et ne lui garantit qu'une chose sacrée entre toutes, la liberté ; aux États-Unis, les deux plus puissantes universités, le collége d'Yale, dans la petite ville de Newhaven, et celui d'Harvord, dans la petite ville de Cambridge, à trois milles de Boston, possèdent, le premier, un capital de plus de 5,000,000 de francs, et le second un capital de plus de dix millions. En 1868, le collége d'Harvord avait dépensé plus de 926,000 francs pour les frais matériels et le traitement des professeurs.

Nous avons, à dessein, cité ces chiffres pour montrer aux catholiques la grandeur de l'œuvre à laquelle on les convie; loin d'effrayer leur foi, ils stimuleront leur charité et leur zèle.

Sous quelle forme ces dons seront-ils recueillis et administrés? Nous nous garderons d'entrer dans des détails qui relèvent d'une science d'organisation pour laquelle nous ne nous sentons aucune compétence. Peu importe, au reste, que ce soit sous forme de collecte populaire, de cotisations, de souscriptions, de donations simples ou de fondations de chaires, l'essentiel est que le capital existe et qu'une bonne gestion financière veille non-seulement à ne le point gaspiller, mais encore à l'accroître. L'université catholique de Louvain peut, en cela comme dans bien d'autres points, nous servir d'exemple.

Née tout entière de la spontanéité et de la générosité de la foi, elle n'a eu besoin pour se développer et devenir un des foyers de la doctrine catholique, que de l'initiative hardie et de l'entente des évêques belges, de la coopération active du clergé et du dévouement intelligent des fidèles.

Ce que la Belgique a su faire, pourquoi la France ne le ferait-elle pas? Si les évêques de ce petit pays ont su se concerter et avoir une sainte audace, pourquoi les nôtres ne les imiteraient-ils pas? Si le clergé belge a prêté à ses premiers pasteurs un concours si actif et si éclairé, peut-on attendre moins du clergé français? Enfin pourquoi nos catholiques, qui ont témoigné par tant d'œuvres de leur intelligence pratique et d'un zèle aussi docile qu'indomptable, ne rivaliseraient-ils pas avec les catholiques belges, lorsqu'il s'agit de défendre la foi et d'en propager les plus hauts enseignements? Pour notre part, nous n'hésitons pas à le croire, la foi française saura s'affirmer dans la fondation de nos universités nouvelles ; et elle n'attendra pas de longues années pour abriter sa doctrine dans des temples dignes d'elle.

L'argent obtenu, les bâtiments réservés aux cours une fois construits, ce qui serait le plus urgent et le point sur lequel devraient se concentrer tous les efforts, c'est un hôpital.

Pas de faculté de médecine sans malades. Or, les hôpitaux étant réservés aux facultés de l'État, les facultés libres de médecine se voient dans l'impossibilité de faire l'éducation des élèves. L'hôpital fondé, il faudrait élever l'amphitéâtre de dissection, construire les laboratoires et commencer simultanément la fondation des bibliothèques, des collections, des musées et des jardins botaniques.

Toutes ces fondations seront l'œuvre lente et persévérante du temps ; ce n'est pas en un jour qu'on amasse des milliers de volumes, qu'on enrichit d'échantillons choisis et de pièces rares une collection ou un musée. Cette tâche demande le travail fidèle de plusieurs générations : c'est ainsi que se formèrent dans les couvents du moyen âge ces bibliothèques précieuses que des barbares sont venus un jour gaspiller ou incendier, et dont les débris ont contribué à doter nos bibliothèques publiques.

Ce que les chrétiens, en d'autres temps, ont su faire, il ne tient qu'à eux de le renouveler aujourd'hui : ils l'accompliront même plus vite, grâce à la fécondité inépuisable de leurs ressources et aux progrès d'une civilisation qu'ils font servir à Dieu.

Dans la question du matériel, comme en celle des finances, l'université de Louvain nous encourage et nous sert de modèle. En moins d'un demi-siècle, elle a trouvé moyen d'étaler au soleil une douzaine de vastes édifices qui remplissent tout un quartier de la ville. Elle a des bibliothèques dont l'une, à elle seule, renferme cent mille volumes ; elle a des laboratoires, des cabinets de physique, des collections de minéralogie, de zoologie, d'anatomie comparée, des musées d'anatomie, de métallurgie, d'archéologie, et même un jardin botanique entretenu par la ville. Son enseignement médical, celui qui exige le plus de conditions, est admirablement pourvu : il a son amphithéâtre d'anatomie, son laboratoire de physiologie muni de microscopes et d'instruments de toutes sortes, ses salles de dissection, ses hôpitaux et ses salles de clinique (1).

Tout est possible à la foi. Donnez aux catholiques la liberté : ils seront les maîtres du monde, quand ils le voudront. Leur péril n'est pas dans l'attaque dont ils sont l'objet, de quelque part qu'elle vienne, leur péril est dans leur somnolence. Lorsqu'ils veillent et sont debout, fussent-ils délaissés et persécutés, ils n'ont rien à craindre : l'en-

(1) Consulter le Rapport de Mgr Cartuyels, vice-recteur de l'université de Louvain.

nemi qui les harcèle ne fait que leur donner de nouvelles occasions de victoire ; mais s'ils dorment, fussent-ils protégés par les prétoriens, ils sont vaincus d'avance et rien ne les empêche de décliner et de mourir. Leur apathie, c'est leur mort.

Une troisième question que soulève la fondation des universités, c'est le corps professoral. Les finances auraient beau être abondantes, le matériel ravir l'admiration par sa splendeur et sa richesse, nous n'aurions que de médiocres universités, si nous avions de médiocres professeurs. Ce qui fait le renom d'une école et la valeur d'un cours, c'est le maître, le maître seul et la science qu'il possède.

Il importe donc, avant tout, que nous ayons des professeurs éminents. Où les prendre ? Les maîtres en renom enseignent déjà, ils occupent les chaires officielles ; et nous ne pouvons songer à les attirer, pour prendre part à nos modestes essais. Assurément ; mais ce serait faire injure à notre pays et à la classe lettrée que de croire tous les hommes de valeur absorbés par l'enseignement universitaire. Je suis persuadé au contraire qu'en dehors des cadres officiels, il existe un grand nombre de savants de mérite auxquels l'occasion seule a manqué pour arriver à la célébrité. Il y en a dans les sciences, dans la littérature, dans le droit, dans la médecine, dans la philosophie et dans la théologie. Or, ce ne sera pas un des moindres avantages des universités libres que d'offrir à ces talents cachés un théâtre digne d'eux et de les forcer à se produire. Ils hésiteront peut-être au début, ces maîtres encore inexpérimentés ; et ils auront de la peine à affronter la concurrence avec les représentants célèbres de la science et de l'enseignement officiels ; mais ils prouveront bientôt ce que peut la liberté, s'il est nécessaire, pour être un professeur en renom, d'avoir l'estampille du gouvernement, ou s'il ne suffit pas plutôt de la supériorité du savoir.

Que les catholiques sachent donc aviser, et qu'ils ne négligent rien pour avoir dans leurs chaires d'excellents professeurs. Que ces chaires soient richement dotées, que le maître n'y trouve pas seulement l'honneur, mais encore les avantages matériels qui assurent les loisirs et l'indépendance de la vie. Aux hommes de la science, la richesse serait plutôt un embarras : mais ce qu'il leur faut à tout prix, c'est l'aisance.

La valeur personnelle des maîtres ne suffirait pas, il faut leur organisation en corps professoral; et il importe qu'elle soit compacte. Des hommes intelligents ne peuvent pas se grouper sans une certaine unité d'esprit et former une association morale sans une hiérarchie. L'unité d'esprit pour les catholiques, c'est la foi. Voilà bien ce qui doit être l'âme du corps professoral dans nos universités. Qu'il soit adonné à l'étude abstraite et aride des mathématiques ou aux sciences d'observation qui ont pour objet de ravir à la nature ses secrets; qu'il soit historien ou littérateur, médecin ou juriste, philosophe ou théologien, le professeur doit se souvenir que le Christ est son maître, l'Église son guide, la foi sa lumière, l'Évangile son premier code. Tous doivent être prêts à défendre la vérité catholique, de quelque côté que vienne l'attaque, et chacun avec les armes que lui met en mains sa propre science. Un tel lien ne blesse nullement la libre allure du génie personnel, et il suffit à établir entre ces hommes une communion d'autant plus étroite, qu'elle s'appuie sur ce qu'il y a dans l'âme de plus sacré et de plus profond : Dieu et son Christ.

Quelle sera, au sein de nos universités, la hiérarchie qui doit diriger le corps professoral ? Évidemment, ce sont les Évêques établis par Jésus-Christ, gardiens et juges de la foi sous l'autorité du Souverain Pontife, qui seul, d'ailleurs, donne aux universités le droit de conférer les grades canoniques. Cependant, comme ils ne peuvent toujours exercer par eux-mêmes les actes multiples de cette éminente fonction, il est nécessaire qu'un homme choisi par eux les représente. Ce personnage est le Recteur magnifique. A lui la haute direction de l'université, la haute surveillance du corps professoral et des élèves ; à lui de veiller à ce que l'esprit chrétien soit toujours vivant ; à lui de maintenir les traditions ; à lui de ne point laisser languir les intérêts de la religion et de la science dont l'université a la charge redoutable.

Il sera bon qu'à côté et au-dessous du Recteur, il y ait le vice-recteur qui puisse le suppléer et l'assister ; et autour de ces deux autorités, le conseil dirigeant, composé du doyen de chaque faculté et des professeurs recommandables par leur ancienneté, leurs mérites et leur influence. Le pouvoir absolu n'est pas bon. Je me défie des autorités qui ne trouvent ni contre-poids, ni assistance dans une aristocratie indépendante : elles tournent au despotisme ; et rien ne serait plus funeste qu'un tel excès, si opposé d'ailleurs au large esprit chrétien dont nos écoles supérieures doivent être animées.

L'homogénéité dans un même esprit, l'unité d'action sous une hiérarchie forte et pondérée : telles sont les premières conditions qui assurent la vitalité et la prospérité du corps professoral.

Mais les professeurs meurent : il faut pourvoir aux vides que fait la mort. Ils peuvent, pour divers motifs d'intérêt ou d'ambition, quitter l'université ; il importe de les retenir. Recruter les meilleurs sujets et garder les anciens maîtres, tels sont les deux moyens qui complètent l'organisation du corps enseignant. Si vous ne recrutez que des sujets médiocres, vous ne tarderez pas à voir baisser le niveau de la science ; si vous ne savez pas faire vieillir vos professeurs, vous n'aurez pas de maîtres parfaits. L'âge qui enlève son prix à tant de choses fragiles en donne au contraire à la doctrine. L'apôtre militant se tient debout sous sa lourde armure, et les années lui pèsent; le docteur assis dans sa chaire porte sans faiblir le poids d'une vie longue : rien ne lui sied mieux que des cheveux blancs et des rides puissantes, indices d'une pensée plus forte que ne troublent plus les passions, d'une doctrine éprouvée par les ans, d'une sagesse consommée.

On assurerait le recrutement des maîtres, en instituant des concours. La chaire vacante serait ainsi donnée non à la faveur, mais au mérite; et le mérite se traduirait devant un jury compétent formé des professeurs anciens et des doyens, sous la présidence du recteur. Les évêques n'auraient qu'à ratifier le choix, et à consacrer l'élu.

Pour s'attacher les professeurs, et en faire les serviteurs fidèles ou plutôt les fils de l'*Alma Mater*, qu'on les honore, qu'on leur assure une vie indépendante et aisée.

Le mot d'argent est malsonnant, ce semble, quand il s'agit de ces glorieux soldats qui ont vieilli dans les luttes pour la vérité et les combats contre l'erreur. De telles fatigues ne se payent point ; elles s'honorent. Je le veux ; mais encore faut-il compter avec les nécessités de la vie : et je ne vois pas pourquoi l'esprit léger de notre temps réserve les riches honoraires à ceux qui l'amusent ou à ceux qui le corrompent, tandis qu'il est si avare, lorsqu'il faut reconnaître les services de ceux qui l'enseignent et le moralisent. Les premiers sont dans le luxe, les seconds sont pauvres. Qu'on mette donc de l'équilibre, et, sans changer les rôles, qu'on épargne aux uns ce luxe malsain qui les amoindrit, et aux autres cette gêne qu'ils supportent avec courage, mais qui est la marque de notre ingratitude.

Nous aimons à croire que nos universités nouvelles ne suivront pas les vieilles traditions que nous venons de flétrir. La charité ne lésine pas ; elle présidera aux règlements qui doivent assurer la condition et l'avenir matériel des professeurs. Sur ce point encore, nous aimons à le signaler, l'université catholique de Louvain nous donne de beaux exemples : sachons les suivre.

Le dernier élément que comporte une université prospère, ce sont les élèves ; il les faut nombreux et choisis, plutôt choisis que nombreux. Le nombre et le choix des étudiants dépendront de trois causes, sur lesquelles je me permettrai d'appeler l'attention publique.

La première, ce sont les Évêques. Il appartient à eux et à eux seuls de réunir un auditoire sérieux autour des chaires théologiques. S'ils ne consentent pas à choisir dans leurs séminaires un ou deux sujets d'élite qu'ils députeront à l'université, pour y recevoir un enseignement plus étendu, plus élevé et plus approfondi, il faut renoncer une fois pour toutes à la création d'une faculté de théologie.

Si brillants, si érudits, si puissants en docrine que soient les maîtres, sans le concours des Évêques, ils ne rallieront qu'un auditoire de curieux, d'endormis ou d'amateurs. L'expérience a été faite, et il ne faut pas chercher d'autre cause à l'atonie, à la langueur dans laquelle végètent nos facultés de théologie. Il en sera de même de celles qui seront fondées dans les universités libres. Les mêmes causes engendrent les mêmes effets. L'enseignement le plus nécessaire et le plus sublime sera ainsi réduit à néant, malgré la valeur des maîtres; on ne peut enseigner dans le vide, parler à quatre murs, ou à un auditoire artificiel; or quel est l'auditoire naturel d'un cours de théologie? Les jeunes hommes qui se destinent au sacerdoce. Qui en dispose? Les Évêques.

Nous n'en doutons point : soucieux, les premiers, de voir réussir une œuvre qu'ils auront eux-mêmes fondée, Nos Seigneurs les Évêques tiendront à honneur de députer les meilleurs sujets de leurs séminaires, afin de former autour de maîtres distingués la phalange des esprits vigoureux qui seront bientôt, dans l'Église de France, les plus fermes soutiens de la foi et ses victorieux apologistes.

Les fonctions du corps sacerdotal se distingueront mieux et en se distinguant deviendront plus énergiques. Nous aurons le prêtre pasteur et le prêtre docteur ou apôtre, l'un voué aux travaux de la vie pratique, l'autre au labeur de l'étude et de la doctrine; l'un plus occupé à maintenir le croyant dans la fidélité de l'Évangile, l'autre toujours sur les traces de l'incroyant pour le vaincre et le ramener à Dieu; l'un qui brûle l'encens dans le temple, l'autre qui en garde les abords; l'un tenant les clefs qui ouvrent et qui ferment le royaume de Dieu, l'autre armé du glaive à deux tranchants pour combattre le bon combat de la Foi.

Une seconde cause assurera le recrutement des élèves, c'est le zèle des familles chrétiennes.

Les pères qui ont en souveraine estime la

foi de leur fils, les mères qui connaissent quels dangers court le cœur ardent et fragile dont elles devinent les moindres faiblesses, voudront confier ce qu'ils ont de plus cher à des maîtres qui, respectant toujours la religion, sauront au besoin la glorifier et la défendre, à des maîtres qui, en formant l'esprit, ne négligeront pas l'âme. Ce zèle des familles discrètement entretenu par les pasteurs et les apôtres, souvent éclairé et réchauffé par des revues et des journaux qui seraient comme le bulletin hebdomadaire ou quotidien des intérêts et des œuvres de l'université, tel est un des moyens les plus sûrs de voir affluer à nos écoles une jeunesse qui nous fasse honneur par le nombre, les qualités de l'esprit et la noblesse des sentiments.

Toutefois les deux causes que nous venons d'indiquer seraient paralysées, si elles n'étaient appuyées par une troisième : la valeur des maîtres.

Avant tout, qu'on ne donne aux universités naissantes que des professeurs éminents. Pas de médiocrités : les médiocrités seraient infailliblement la ruine de nos premiers essais.

Nous sommes, par notre situation même, *en concurrence* avec l'université officielle et d'autres universités rivales ; si nos maîtres ne peuvent soutenir la comparaison, on ne manquera pas de signaler notre infériorité; cela seul retarderait pour de longues années un succès qu'il est urgent d'obtenir dès la première heure. Là est l'écueil, on saura l'éviter. Les hommes de valeur seront discernés des hommes qui masquent leur insuffisance sous le savoir-faire et l'intrigue; et nous croyons en la sagesse et la haute prudence de nos évêques. Du reste, la Providence veille, et son action sera visible dans les premiers pas d'une œuvre qui intéresse à un tel point la raison publique et la foi, la patrie et l'Église, en un mot l'avenir de notre civilisation.

Si Dieu suscite quelques hommes éminents par la doctrine (et il en suscitera), des hommes puisant dans la foi des lumières qui donneront à leur science spéciale une splendeur inconnue, des hommes empruntant aux sciences inférieures des clartés qui nous aident à mieux comprendre la vérité divine, on verra affluer vers eux le courant de la jeunesse.

Ce courant se portera de lui-même non pas où il y aura le plus de passion, mais où il y aura le plus de lumière. L'âme de la jeunesse est droite et juste ; si la passion l'abuse, ce n'est qu'un instant ; et à la vingtième année, on reconnaît et on applaudit plus volontiers la supériorité d'un maître qu'à un âge plus mûr où le calcul a fait place à la spontanéité.

Ayons donc des maîtres de valeur : tout est là. Laissons, je ne dis pas à nos rivaux, mais aux adversaires aveugles de notre Foi, la passion, la violence, la haine ; contentons-nous de la vérité, de la lumière, et ce qui ne gâte rien, d'une âme chaude qui sache plaider pour le vrai d'une voix éloquente; notre triomphe est à ce prix.

CHAPITRE VIII.

De la Formation intellectuelle dans les universités catholiques.

Une erreur assez répandue et qu'on peut remarquer dans presque tous les ouvrages qui ont traité de l'enseignement supérieur en France, c'est que l'étudiant qui vient le recevoir est un homme, un esprit fait.

Est-on un homme à dix-huit ou vingt ans? Suffit-il d'avoir obtenu ses deux diplômes de bachelier, pour endosser la toge virile? Dix ans passés à épeler le grec et le latin, à admirer quelques chefs-d'œuvre de la littérature ancienne et moderne, à rompre son cerveau à la dure gymnastique des mathématiques, à passer en revue les principaux systèmes de philosophie et à composer quelques dissertations contre le matérialisme d'Épicure, le scepticisme de Kant ou le panthéisme de Spinosa : est-ce là tout ce qu'il faut pour former l'esprit? Ce premier labeur achevé, peut-on compter au nombre des maîtres, et n'a-t-on plus qu'à se croire majeur, affranchi de tutelle, et à mettre en avant sa personnalité? Certains maîtres le disent, beaucoup de jeunes hommes se le persuadent.

Ils se trompent.

Le corps n'est pleinement constitué qu'à vingt-cinq ans, et l'intelligence le serait à vingt!

Est-ce à vingt ans qu'on mesure la portée des grandes questions philosophiques qui ont absorbé les plus fiers esprits? Est-ce à vingt ans qu'on peut sentir la gravité des problèmes religieux dont les solutions ont tour à tour bouleversé, ensanglanté, pacifié, révolutionné, perverti ou sauvé le monde? Le vrai, c'est qu'à vingt ans l'esprit est dans la période la plus délicate. Il est au point où les routes se bifurquent devant lui. Il est à l'heure de l'enthousiasme : la parole d'un maître peut le sauver ou le perdre sans retour. C'est l'âge décisif. Le jeune homme qui, alors, trouve un maître environné du prestige de la science, de l'âge et de l'éloquence, est perdu ou sauvé : perdu, si le maître l'entraîne à l'erreur; sauvé, s'il le mène au vrai. Sans doute les individualités puissantes ne subiront pas cet entraînement fatal; rien ne prévaut contre la force interne qui tourmente certains germes vivaces; mais l'homme, d'ordinaire, est loin d'être ainsi armé contre les influences du dehors et surtout contre celles qui s'emparent, à l'aide des doctrines, du mouvement même de son esprit.

Une des lacunes les plus regrettables de notre éducation intellectuelle, c'est qu'elle n'est pas achevée. On la regarde comme faite, alors qu'elle exigerait les derniers soins. C'est un édifice sans toiture; quelque solides qu'aient pu être les fondements, il n'en restera bientôt pas pierre sur pierre. En effet, que va devenir le jeune homme, au sortir du collége? Le voilà dans l'une des facultés de l'université de l'État et de l'enseignement supérieur. Il est à la merci de maîtres dont certainement il ne pourra éviter les influences doctrinales. Entre les sceptiques et les partisans déclarés du spiritualisme ou du matérialisme, d'un panthéisme plus ou moins vague ou d'un théisme plus ou moins timide, quel sera son sort? Il choisira, direz-vous; il exercera sa raison juvénile en face de maîtres qu'il est en droit de critiquer; et il jugera leurs enseignements dont une controverse sans frein lui révélera mieux l'insuffisance. — Peut-on se méprendre ainsi sur les lois les plus élémentaires de la formation intellectuelle? Non, le jeune homme ainsi livré à des doctrines contraires ne choisira pas. Eh quoi! dans la parfaite maturité, l'homme le plus désintéressé, le plus capable d'un jugement viril, se prononce à peine devant cet acte difficile de la raison, et vous vous persuadez qu'un jeune homme n'hésitera pas?

11.

Illusion. Au lieu d'écouter la voix d'une intelligence qui n'est pas même dégagée de l'imagination et des passions, il suivra le courant de ces dernières; il ira où le mouvement des préjugés régnants l'emporte, et, ainsi ballotté, il ne s'attachera à rien. On n'en fera qu'un être indécis et flottant, un sceptique.

La preuve de ce que j'avance est sous nos yeux; songez à l'état intellectuel de la classe cultivée : cette anarchie, cet antagonisme, ce scepticisme, d'où viennent-ils, sinon de l'antagonisme, de l'anarchie et du scepticisme des maîtres qui nous ont influencés?

Que l'université officielle ou que d'autres s'abusent sur la formation de l'intelligence, au point de livrer la jeunesse à ce qu'on nomme l'esprit critique, à la merci de mille doctrines opposées, nous ne les imiterons pas. Libre à ceux qui ne croient à rien, qui ne donnent créance qu'à une science abâtardie, qui ne prennent au sérieux ni les vérités rationnellement démontrées de la philosophie, ni les dogmes révélés de la foi, libre à de tels hommes de se vouer à la critique à outrance et de hâter par ce régime dissolvant la décomposition intellectuelle du pays; pour nous, encore une fois, nous ne les imiterons pas.

La religion ne traite pas l'esprit de l'homme avec ce laisser-aller qui convient aux marâtres peut-être, mais que les vraies mères n'approuveront jamais. Aussi, nous n'hésitons pas à le proclamer, la plus haute ambition des universités catholiques sera d'achever l'éducation de l'esprit. Quand notre foi ne nous mettrait pas au cœur un si noble dessein, nos seules convictions rationnelles nous l'inspireraient encore. Il n'est pas nécessaire d'être un croyant ni un catholique, pour savoir que l'esprit ne se forme pas sous la direction de vingt maîtres en butte à la contradiction; il suffit d'être une intelligence convaincue. Ce qu'il nous faut, après tout, ce n'est pas une génération de critiques, c'est une race qui croie à quelque chose. La critique démolit. La foi et la conviction seules édifient.

Les universités les plus utiles seront celles d'où sortiront, non pas des esprits flottants, en contradiction perpétuelle avec eux-mêmes, mais des intelligences fermes dont la clarté n'a rien à craindre du sophisme de l'erreur.

Qu'on ne s'imagine point, toutefois, qu'en prétendant former l'esprit et faire sa dernière éducation, notre arrière-pensée soit de le borner. Qu'il reste ouvert à toute vérité; mais qu'il ait toujours un point d'appui : qu'il se meuve et qu'il progresse; mais qu'il ait un centre fixe, afin de coordonner ses mouvements et de ne point marcher à l'aventure.

On comprendra mieux notre pensée, si l'on veut bien suivre un instant l'analyse rapide de l'œuvre magistrale qui s'appelle la haute éducation de l'esprit.

Un esprit n'est formé et ne peut être considéré comme adulte qu'à trois conditions : la première, c'est de posséder, dans la branche particulière du savoir humain qu'il cultive, la science acquise, la science faite; la seconde, c'est de connaître les lacunes à combler, les *desiderata* à remplir, les difficultés à vaincre, les découvertes à faire pour élargir la science déjà organisée; la troisième, enfin, c'est d'être initié à la méthode, non-seulement à la méthode logique et démonstrative qui enseigne ce que nous savons, mais encore à la méthode inventive qui découvre ce que nous ne savons pas.

Tout homme intelligent, je le sais, ne sera pas également apte à remplir ces conditions dont la réunion harmonique constitue cependant la vigueur et la santé parfaite de l'esprit. Les uns se contentent de la science toute faite, telle qu'elle est déjà dans les livres; d'autres sentent le besoin de signaler les lacunes, de pousser aux découvertes; les plus grands ont la hardiesse d'employer les méthodes inventives qui font avancer d'un pas les idées et les institutions. Les premiers sont exposés à se traîner dans l'ornière; les seconds abusent parfois d'une critique ruineuse; et les troisièmes trop audacieux s'égarent hors des sentiers battus.

La perfection serait de corriger l'excès de ces conditions isolées, en les réunissant les unes aux autres. Mais, ici-bas, la perfection se cherche et s'ambitionne plutôt qu'elle ne se trouve; il faut savoir gré aux hommes de bonne volonté qui en ont le culte, quand bien même ils ne réalisent pas tout ce qu'ils ont rêvé et voulu. Quoi qu'il en soit, la fonction du maître qui prend à cœur sa vocation sublime, qui croit à la puissance de l'éducation intellectuelle et ne livre pas ses disciples à la merci des bandits de la pensée, sous le prétexte qu'il faut aguerrir leur esprit, cette fonction est toute tracée.

Le maître doit instruire l'élève de ce qu'on

peut nommer la science acquise, la science constituée : voilà son premier devoir, et ce devoir suppose, en celui qui enseigne, des connaissances complètes et l'art de les communiquer. Il n'est pas donné à tous : parmi ceux qui savent, il n'en est peut-être pas la moitié qui aient le secret de livrer aux autres le trésor de leur science.

Pas de maître sans l'art de définir clairement et de tout enchaîner. Une définition nette, précise, contient en germe tout un traité. Il n'appartient qu'à une intelligence lucide et synthétique de la formuler. La définition est comme la première étincelle qui éclaire tout un problème. Mais elle ne suffit pas, il faut encore l'ordre qui enchaîne les vérités que la définition met en lumière. Lorsque la puissance de coordonner s'ajoute, en un maître, à celle de définir avec précision, il n'y a plus rien à souhaiter; il est à la hauteur de la première partie de sa fonction ; il est à la lettre, selon le mot heureux de M. Paul Bert (1), *le magistrat de la vérité démontrée*.

Nul n'a excellé, en ces deux facultés si rares, à l'égal de saint Thomas d'Aquin. Sa Somme théologique est le premier des chefs-d'œuvre pour l'art de définir et de coordonner. Dans ce monument d'une effrayante simplicité, toute la science divine est ramenée à quelques définitions d'où sortent des traités entiers, et la connexion de ces idées premières est telle, leur enchaînement si rigoureux, qu'on ne pourrait, sans blesser l'ensemble, en retrancher ou en modifier une seule. Un tel modèle ne manquera pas d'exercer une action profonde sur les maîtres de nos universités. On ne saurait croire ce que gagnerait notre jeunesse, si, au lieu de laisser son esprit vagabonder à travers la science, l'histoire et la philosophie, on lui enseignait l'art de définir et de

---

(1) Assemblée nationale, séance du jeudi 3 décembre 1874.

tout enchaîner : en d'autres termes, l'art de penser. Rien ne répond mieux au besoin et à la trempe de notre génie. Mais nous ne pensons plus aujourd'hui ; nous sommes à la merci d'une sensibilité maladive qui se nourrit de ses fantômes, qui rêve, qui tressaille, et sur laquelle le moindre sophisme a tout empire, à la seule condition de la flatter.

Il ne faudrait pas cependant que le maître crût avoir accompli toute sa tâche, s'il se bornait à initier le disciple aux conclusions rigoureuses et aux vérités acquises. En toute doctrine il y a deux parts : la part du connu, c'est-à-dire les vérités constatées par l'expérience, démontrées avec certitude par la raison, ou clairement affirmées par l'autorité de Dieu ; et la part de l'inconnu, c'est-à-dire les vérités que l'expérience n'a point encore saisies, que la raison n'a pu mettre en évidence, ou que l'autorité divine n'a point sanctionnées. Si l'intelligence humaine ne se heurtait jamais à l'inconnu, l'homme serait en possession de la vérité totale. Qui ne le sait? Le peu que nous connaissons n'est rien auprès de ce que nous ignorons, et que peut-être nous ignorerons toujours.

Mais, si notre savoir est limité comme tout le reste; plus que tout le reste, il est progressif. La science expérimentale ne dira jamais son dernier mot, et on la verra grandir sans cesse à mesure qu'elle multipliera et qu'elle étendra ses observations et ses expériences. La science philosophique se simplifiera, elle aussi : appuyée sur les découvertes de la science naturelle, elle enrichira de clartés plus hautes les doctrines sur l'âme, sur l'univers et sur Dieu. La science théologique ne saurait prétendre non plus à l'immobilité. Ses bases sont fixes, sans doute, et il n'y a pas un iota à modifier au symbole de la foi, aux décisions de l'Église, à la parole des Écritures. Mais que de points de vue nouveaux peuvent surgir dans l'interprétation des Saints Livres, des décisions de l'Eglise et du Symbole! A-t-on épuisé le premier chapitre de la Genèse, sur lequel depuis deux mille ans s'exerce le génie de nos plus grands docteurs et de nos plus grands savants? La science du Christ ne resplendira-t-elle pas de tous les progrès que fera la science de l'homme, et la science de Dieu ne rayonnera-t-elle pas de toutes les splendeurs de ce monde visible mieux connu, sous le voile duquel nous déchiffrons les mystères de l'Infini?

La part de l'inconnu en toute doctrine est sans bornes, et le rôle du maître est d'apprendre au disciple à ne point l'oublier. Plus il saura lui donner le sentiment vif de cet inconnu, plus il aiguillonnera son esprit à reculer les limites de la science. Il faut stimuler les jeunes intelligences, et on ne le peut qu'en les initiant non plus seulement à la science acquise, mais aux problèmes non résolus qui se dressent au détour des âpres sentiers de la pensée.

En toute doctrine, il y a de ces problèmes pleins de difficultés qui semblent défier l'esprit. Il convient de ne pas les laisser ignorer à l'âme intrépide qui arrachera peut-être le mot de l'énigme, à force de travail, de constance et de génie.

Mais, pour imprimer à une science l'élan qui la fait progresser, pour ne pas croupir dans l'ornière et toujours rouler dans le même cercle, pour marcher en avant et conquérir l'inconnu, il faut une méthode : c'est à la communiquer à ses disciples que le maître doit consacrer toute son intelligence, et c'est dans une telle œuvre que se résume sa haute fonction.

Comme l'aigle provoque l'aiglon à déployer sa grande aile encore incertaine, le maître doit entraîner en haut l'esprit qu'il veut former; il doit l'initier à sa propre méthode, car la méthode est, pour ainsi dire, l'aile puissante de l'esprit.

Dans ce but, il est indispensable que le disciple prenne part aux travaux du maître, à ses espérances, à ses découvertes ; il faut qu'il déchiffre avec lui les vieux manuscrits, s'il est historien ; qu'il l'accompagne au laboratoire, s'il est physicien ou chimiste ; à la salle de dissection, s'il est médecin ; qu'il collabore à ses œuvres philosophiques ou théologiques, s'il s'adonne aux sciences supérieures de l'homme. A ce prix il pourra recevoir l'influence nécessaire à sa formation ; et, au contact intime et prolongé d'un vrai maître, il pourra devenir maître à son tour.

Comme tout cela fait défaut à notre jeunesse ! Comme nous sommes loin de cet idéal du patronage intellectuel ! La fièvre de l'émancipation et l'abus d'une personnalité mal comprise, nous ont affranchis de cette indispensable tutelle. Nous avons erré sans guide comme des enfants orphelins sur lesquels le bras du père ne s'est point étendu et que l'œil d'une mère n'a point protégés.

Les méthodes sont multiples ; elles varient suivant les sciences qu'elles ont pour objet. Autre est celle de l'expérimentateur, autre celle de l'historien, du philosophe ou du théologien. Il n'est pas bon de se limiter à une méthode spéciale et restreinte ; il faut, autant que possible, dans une université, initier l'esprit à la plus vaste et à la plus puissante, à celle qui domine toutes les autres, comme la science qu'elle étudie embrasse toutes les sciences : j'ai nommé la méthode théologique.

Rien n'échappe à son immense envergure. Elle a la sûreté mathématique des méthodes expérimentales, car elle doit recueillir dans les moindres faits de la nature la marque sensible de Dieu. Elle a toute la précision de la méthode historique, puisqu'elle doit, dans le dédale des faits humains, démêler les faits divins et discerner la voix de Dieu même à travers toutes les voix d'homme qui parlent dans ce monde tumultueux. Elle a l'analyse pénétrante des psychologues; car elle peut saisir, dans les profondeurs de l'âme, toutes les opérations saintes de l'Esprit de Dieu; elle a toute la rigueur des logiciens, puisqu'elle enchaîne, dans un grand corps de doctrine, tous ses dogmes et toutes les vérités : elle a l'élan des intelligences synthétiques dont celle de Platon est le type parfait, puisque, comme elle et mieux qu'elle, elle doit s'élever de tout le créé vers l'Incréé, de tout le fini vers l'Infini, de tout ce qui passe vers ce qui demeure.

Elle fait plus, et c'est là son mouvement propre. Des hauteurs de Dieu elle redescend dans le monde humain et dans celui de la nature, afin de les contempler à la lumière des éternels mystères. Le philosophe ne peut que s'élever des effets à la cause première; le théologien, initié par la révélation à la science de la cause infinie, connaît les effets dans cette cause infinie. Il en a aussi la raison absolue : il se rapproche du procédé divin, et, participant à la science de Dieu, à son exemple, il.voit tout en Dieu même.

Il est temps que l'enseignement supérieur se réforme à ce point de vue, et que le vrai maître reparaisse.

Un tel résultat ne s'obtiendra pas avec la seule docilité des disciples : il faudra encore, et surtout, le dévouement sans réserve de ceux qui consacrent leur vie à la tâche, souvent ardue et quelquefois obscure, du haut enseignement. Il faudra renoncer à ces cours brillants où la forme préoccupe plus que le fond des choses, où l'on semble adresser la parole bien moins aux élèves présents qu'à un public de convention et de fantaisie qu'on tient à flatter, pour recevoir de lui en retour une vaine popularité; il faudra, en un mot, remplacer les cours par la classe proprement dite, et songer bien plus aux intérêts d'une science qu'il s'agit de faire prospérer qu'à de mesquines ambitions qui profitent à peine à la vanité d'un rhéteur.

Les universités catholiques, en se fondant, se souviendront des vices que de sérieux critiques ont relevés dans l'enseignement supérieur officiel, le jour où la question de la liberté fut agitée devant le sénat de l'empire. La liberté est maintenant conquise; mais elle ne nous servirait de rien, si nous n'en usions que pour retomber dans des fautes que nous avons nous-mêmes si vertement flétries.

Il n'en sera pas ainsi.

Nous en avons pour garant ce dévouement profond que la religion nous inspire à l'égard de l'âme humaine, et surtout de l'âme encore mal affermie du jeune homme. Nous pourrons avoir des concurrents supérieurs à nous par la science, l'érudition et l'éclat; nous ne permettrons pas qu'ils nous dépassent par le dévouement et l'art de l'éducation. Le meilleur des maîtres n'est pas celui qui en sait le plus long, c'est celui qui consacre à son disciple ce zèle intelligent sans lequel on ne parvient pas à diriger une âme, et à l'établir invinciblement dans la vérité.

CHAPITRE IX.

De la haute éducation morale dans les universités catholiques.

Le jeune homme qui, à dix-huit ou vingt ans, au sortir des écoles où il a reçu l'enseignement secondaire, se prépare à recevoir l'enseignement supérieur, n'est pas un esprit formé. Est-il du moins un caractère, et son éducation morale est-elle faite? Non. Le caractère se forme plus laborieusement et plus tardivement encore que l'esprit; et, s'il faut à l'esprit du jeune homme un maître, il faut à son âme une discipline et une direction. Où les trouvera-t-il? Là est le problème.

Dans l'organisation actuelle de l'enseignement supérieur, la plus grande partie de la jeunesse ne trouve ni la direction dont l'intelligence a besoin, ni celle que réclame le caractère. Presque pas de maître, au sens sérieux du mot; presque pas d'éducateur moral.

Et pourtant, qui ne le sait? c'est à partir de la dix-huitième année que commence la redoutable période des orages : les cœurs sont ravagés et flétris, les volontés s'énervent et se brisent. On ne saura jamais que de germes féconds sont gaspillés dans ces années critiques, que de forces à jamais perdues, que de génies prématurément éteints!

Si encore on veillait dans la tempête et si, conscient du péril, on savait le conjurer! mais non. A dix-huit ans, et souvent plus tôt, la plupart des jeunes gens conquièrent, avec le diplôme de bachelier, l'émancipation et la liberté totale. Au lendemain de l'examen fameux, les voilà maîtres d'eux-mêmes, loin de leur famille, sans règlement de vie, sans autres relations que celles de leurs camarades de plaisir ou d'étude, à la merci des passions et en proie à ces ennemis redoutables qui, dans une grande ville, menacent de tous côtés la santé, le travail, l'honneur et la foi. Ceux-là même qui, au sortir du collège, continuent le régime de l'internat ne sont que fort insuffisamment prémunis. C'est toujours la caserne avec sa rigide discipline. Les laborieux prisonniers ont, il est vrai, leur travail garanti; mais c'est tout : on ne songe guère plus à former leur caractère, qu'on ne s'occupe, dans un camp, de l'âme du soldat.

Ceux qui, sans sortir de la famille, peuvent achever leur haute éducation intellectuelle, sont moins à plaindre. Le foyer domestique, lorsqu'il n'est pas profané, est pour le jeune homme une sauvegarde contre plus d'un péril. Qui ne l'a éprouvé? La seule présence d'une mère est une bénédiction; son regard fait rentrer en luimême le fils coupable, sa tendresse provoque des révélations et des confidences qui préviennent des catastrophes; ses larmes ont une puissance qui fait fléchir les volontés les plus rebelles et les ramène dans le devoir.

Le père a moins d'empire. Il est souvent, hélas! sans religion; il n'a pas, comme la mère, ce prestige d'une vertu irréprochable et quelquefois héroïque. Cependant son autorité est d'un grand poids; et l'amour paternel qui sait se défendre de certaines faiblesses qu'on pourrait appeler de la complicité, est une force admirable. L'exemple du père semble alors s'imprimer dans l'âme des fils comme une effigie se grave dans le métal sous le burin de l'artiste. C'est ainsi que, dans les familles, se perpétuent les traditions séculaires de l'honneur, du dévouement, de la bravoure, de la justice, de toutes ces vertus, enfin, qui ennoblissent l'âme et illustrent un nom.

Les jeunes gens élevés à une telle école sont rares; et on ne saurait trop le déplorer. Que de foyers éteints, vides, désolés! En nos temps de décomposition et de ruines, où les plus solides institutions chancellent et tombent, la famille est loin d'avoir échappé à cet esprit de mort qui souffle des quatre vents. L'immense majorité de la jeunesse ne cherche plus, ou trouve à peine sous la garde du père et de la mère ces forces sacrées qui, en d'autres siècles, et encore dans d'autres pays, contribuent efficacement à former des générations saines et vigoureuses.

Au reste, telle est la tyrannie des coutumes établies, tel est le vice des institutions régnantes, que, bon gré mal gré, le jeune homme est entraîné loin de la maison paternelle pour chercher à grand'peine cette science et cette culture de l'esprit sans lesquelles les hautes carrières publiques lui seraient fermées.

Mais alors, à qui sera confiée la mission redoutable et sainte de former l'âme et le caractère? Si le père et la mère ne sont plus là, qui prendra leur place? Y a-t-on seulement songé? Ceux qui ont en mains la puissance et qui, dans leur autorité souveraine, ont creusé l'ornière où marche notre jeunesse depuis la sortie du collége jusqu'à l'entrée de la carrière, s'en sont-ils préoccupés ? Ce n'est pas leur faire injure que de répondre hardiment : non. Peut-être, après tout, n'était-ce pas de leur ressort? Je ne veux point l'examiner : ce qu'il y a de certain, c'est que du jour où l'irréligion a envahi l'esprit public et corrompu le pouvoir, on se préoccupa encore de former des intelligences, on n'eut plus souci de l'âme; on songea peut-être encore à façonner des artistes, des littérateurs, des mathématiciens et des savants, on ne songea plus à créer des caractères ? S'en occupe-t-on à l'École de droit, à l'École de médecine, et même dans les internats sévères de l'École normale, de l'École polytechnique ou de l'École Saint-Cyr ?

On s'en inquiète si peu qu'on ne croit pas même à la nécessité d'une telle formation, et qu'un des sophismes en vogue dans le monde des lettrés qui ont rompu avec la foi, est celui-ci : l'instruction fait tout l'homme.

Étrange aberration ! Est-il possible de se méprendre aussi lourdement sur le cœur humain, en érigeant en principe que l'instruction suffit à lui inspirer l'énergie, la sagesse et les hautes vertus ! Non, ce n'est pas l'instruction qui fait l'homme ; c'est l'éducation ; et ce qui développe en nous le moral, c'est l'habitude de se vaincre soi-même et de ne donner à sa conduite que des mobiles désintéressés et honnêtes. Ni les mathématiques, ni les sciences naturelles, ni la littérature, ni le droit, ni la philosophie, ni l'histoire, ni même les sciences de l'ordre divin ne font de nous des hommes. L'instruction vise l'esprit, elle n'atteint le cœur et la volonté que par contre-coup. On peut avoir un esprit lumineux et une volonté lâche ; on peut être doué d'une intelligence supérieure et n'être qu'un misérable. Il y a des hommes qui ont donné à leur esprit une culture fort savante et laissé leur âme en friche : ils portent les stigmates de ce coupable et inexcusable abandon. Égoïstes et lâches, il y a de la lumière dans leur pensée, il y a des ténèbres dans leur vie.

Encore une fois, qui veillera à la formation de l'âme, à la haute éducation de la jeunesse? Le maître officiel? Nous venons de l'examiner, il est un des premiers à croire et à dire que l'instruction suffit à tout. Mais quand il ne serait pas sous l'influence d'un pareil sophisme, a-t-il mission pour agir sur l'âme de ses disciples et faire grandir le caractère à mesure qu'il ouvre leur intelligence à des vérités plus sublimes? L'expérience a prouvé qu'il ne faut point compter sur lui pour cette œuvre délicate. Son rôle est de communiquer la science, et non d'initier à la vertu.

Je me persuade volontiers que beaucoup trouvent assez lourde déjà la fonction du docteur sans la doubler encore de celle du directeur moral. Et alors même qu'ils en auraient la volonté, mille empêchements pratiques viendraient paralyser leurs meilleures résolutions. Le maître peut avoir sa famille; il a besoin de son temps pour les travaux que le professorat exige; il voit rarement ses élèves; il n'a autorité que pour leur parler de science : le domaine de l'âme est un terrain réservé sur lequel on ne peut mettre le pied qu'au nom de Dieu, quand on le représente, ou au nom de l'intimité, quand le cœur écarte les barrières.

Aussi qu'est-il arrivé? Depuis que les vieilles universités ont disparu pour faire place à l'organisation nouvelle, la jeunesse a été presque totalement privée de formation morale, à l'heure même où elle eût été le plus nécessaire. Bien des causes, sans doute, ont contribué à l'amoindrissement de la génération actuelle, à la décadence de l'esprit, à l'énervement des caractères, à l'irréligion et au scepticisme; toutefois, une de celles qui ont été le plus cruellement efficaces, c'est l'absence de direction dans laquelle les jeunes gens vivent depuis plus d'un siècle. Le petit nombre de ceux qui ont grandi et se sont élevés jusqu'à la hauteur d'une âme fière et indomptable, le doivent à leur éducation première, et surtout à la providence qui a mis sur leur chemin quelque homme de Dieu dont la religieuse et grave influence leur a donné le secret de vaincre leurs passions et d'être des hommes.

Tous les pères vraiment chrétiens, tous les prêtres soucieux de l'âme de la jeunesse, ont déploré cette lacune dangereuse laissée par l'organisation actuelle dans la vie des jeunes générations. Ils ont bien vu que, laissé à lui-même, l'étudiant courait les plus grands périls, et qu'il fallait promptement aviser, si l'on voulait sauvegarder sa foi, son honneur, son travail et sa vertu.

C'est de cette pensée généreuse que sont nés les cercles catholiques, et celui de Paris en particulier, qui a été le type de tous les autres. Ils ont eu d'abord l'avantage de grouper les jeunes gens autour de l'idée catholique comme autour d'un drapeau. La foi de l'étudiant s'est trouvée garantie. En se voyant moins seul, on se sent plus fort; et les âmes les plus convaincues centuplent leur énergie au contact de celles qui partagent les mêmes croyances. Les cercles ont bien d'autres mérites qu'il n'entre point dans notre sujet d'énumérer. Grâce à eux, le jeune homme a été sûr de trouver, quand il le voudrait, une société choisie, un stimulant au travail dans des conférences où son émulation était sagement mise en jeu; et il a pu nouer des relations avec des chrétiens ou des prêtres éminents qui, devenus pour lui des modèles, l'entraînaient à cette pratique du bien, hors de laquelle l'âme languit et ne saurait se former.

Que manque-t-il donc aux étudiants et que pourrait faire de plus l'université catholique? N'a-t-elle qu'à s'inspirer des mêmes sentiments chrétiens et à poursuivre un but identique, en y consacrant toutefois des moyens plus puissants, des ressources plus riches, une discipline plus ferme? S'il en était ainsi, ce serait une œuvre à peu près inutile. Mais il ne faut pas qu'elle se borne à préserver et à garantir l'âme du jeune homme. La préservation n'est qu'un bien négatif; elle écarte le mal, elle ne forme pas directement à la vertu; et l'action morale des universités, pour être féconde, doit imprimer fortement dans le caractère les énergies qui font un homme.

De sérieux ennemis menacent la jeunesse à cette dernière heure de l'éducation : la paresse, les passions, l'incrédulité; elles peuvent anéantir d'un coup les plus riches espérances et compromettre à tout jamais le plus riant avenir.

L'étudiant qui a vaincu la paresse et pris l'habitude d'un travail opiniâtre, qui n'a pas laissé la passion parler en maître, mais qui a su la vaincre en luttant sans relâche;

celui qui a triomphé des préjugés régnants, des fausses doctrines, et, dans ce torrent d'erreurs où il est forcé de vivre, gardé sa foi saine et victorieuse, celui-là est un caractère. On peut tout attendre de lui : la science, car la science se donne à l'esprit laborieux, et livre au travail les secrets qu'elle refuse même au génie; la vertu, avec tout son cortége de sacrifices et de dévouements, car la vertu est familière à l'homme qui a su dominer ses passions; les convictions indomptables enfin, car l'esprit qui a su protéger sa foi contre les assauts du sophisme, est à l'abri de ces effondrements d'idées et de principes, la plus grande calamité de notre temps.

Il nous faut de tels hommes. Il appartient aux universités catholiques de les produire : c'est là l'œuvre urgente et sainte. Tout leur en fait un devoir, ne fût-ce que ce nom de catholique. Certes, s'il est un but que le catholicisme ait poursuivi, une œuvre à laquelle il se soit dévoué, c'est l'éducation et la culture de l'âme. Pourquoi est-il au monde, si ce n'est pour continuer la mission du Christ? Et que voulait-il, lui, le Sauveur des hommes, sinon régénérer l'âme, la soustraire aux forces inférieures qui menacent de la corrompre et l'élever vers Dieu dans la vérité, dans l'amour et dans la beauté?

L'obligation des universités catholiques est toute tracée. Si elles veulent compléter l'éducation morale de la jeunesse, il faut qu'elles lui inspirent le culte du travail, de la vertu et de la Foi.

Or il y a, en pratique, trois principaux moyens dont le concours simultané peut obtenir un tel résultat : le régime des internats, le commerce intime avec le prêtre, le haut enseignement religieux.

L'internat que nous avons en vue, et tel qu'il est pratiqué déjà dans certaines universités, comme celle de Louvain, n'est pas la continuation du collége, mais un milieu entre la clôture austère du lycée ou de la pension, et la vie pleinement émancipée de l'étudiant libre. Dans l'internat, le jeune homme doit faire en quelque sorte l'apprentissage de la liberté et s'étudier à gouverner sa vie. Il trouverait dans la discipline établie assez de garanties pour échapper aux dangers presque inévitables qui, dans la société actuelle, menacent et compromettent presque toujours ses mœurs et son travail. La part d'indépendance qui lui serait laissée suffirait pour l'habituer à régler ses heures, à utiliser ses loisirs, et à se comporter virilement dans toutes les circonstances où il ne relève que de lui-même et où il est son maître.

Dans quelle mesure devra se faire ce partage délicat entre l'autorité qui réglemente, surveille, protége, et la liberté? Il est difficile de le dire. Laissons le soin de le préciser à ceux-là même qui dirigeront les internats. Sans doute, il y en aura plusieurs, et si, dans certains, on fait à la liberté la moindre part, dans d'autres on lui fera la plus grande. Les jeunes gens ne sont pas doués de la même nature : les uns ont besoin d'une discipline plus stricte, les autres ne perdent rien à une émancipation plus précoce. Ils pourront choisir entre les différents régimes, et donner la préférence à celui qui conviendra le mieux à leurs intérêts.

Le premier souci d'un internat doit être de garantir le travail et de le favoriser. En assurant à l'étude des heures respectées, non-seulement il aidera au progrès de l'intelligence, mais il coopérera, par là même, à la formation du caractère et des plus mâles vertus. L'homme qui travaille a moins à craindre des attraits perfides du plaisir : la volonté qui n'agit pas s'énerve, et les passions trouvent dans l'oisiveté la plus redoutable complice. Le travail, au contraire, dompte la mollesse et nous habitue peu à peu à nous vaincre : il demande l'effort ; et l'effort, constamment renouvelé, développe bientôt une singulière énergie.

Qu'on se hâte donc d'élever autour de nos universités naissantes ces demeures qui deviendront pour la jeunesse l'asile inviolable de l'étude, et comme un prolongement du foyer domestique. Leur idéal devrait être, en effet, de remplacer, autant que possible, la maison paternelle. Le jeune homme qui vit auprès de son père n'est plus comme un mineur en tutelle; et cependant la convenance lui impose encore des obligations et une régularité de vie dont il ne doit pas s'affranchir. Il en serait de même dans l'internat. Le jour où il aura remplacé l'*hôtel garni,* ce sera une consolation et une sécurité pour bien des mères de penser que leur fils n'est plus sans abri à un âge plein de périls et dans un milieu où, presque à chaque pas, des piéges sont tendus à son inexpérience et à ses passions.

Toutefois, ce n'est pas encore le moyen d'éducation morale le plus puissant. Il ne vise directement que la régularité matérielle de la conduite et du travail, il ne touche pas le fond. La formation du caractère et de la volonté ne s'accomplit pas du dehors et par l'extérieur, elle s'accomplit du dedans et par l'intérieur. Or, nul mieux que le prêtre n'est capable d'aider à cette fonction intime qui se poursuit et s'exerce sous le regard de Dieu et de la conscience.

On peut le dire très-haut : ce qui a le plus manqué à cette génération délaissée, c'est moins l'assistance de l'esprit que le secours de l'âme, c'est moins le maître que le prêtre, c'est moins l'homme que l'homme de Dieu.

Une pareille affirmation doit sembler étrange à cette foule qui ne connaît le prêtre qu'à travers les préjugés. Nous ne sommes plus au grand siècle où les rois confiaient aux évêques la haute éducation des princes. Le prêtre aujourd'hui est peu à peu refoulé dans le temple et emprisonné dans la sacristie ; on le croit peut-être encore bon pour surveiller l'adolescent ; mais qui s'aviserait de voir en lui l'indispensable et providentiel agent de la formation morale du jeune homme? Rien n'est plus vrai pourtant.

De quoi s'agit-il en effet? A l'âge redoutable de la jeunesse, un grand combat se livre entre l'esprit et la matière, la volonté et les passions, le bien vers lequel la liberté aspire et le mal vers lequel nos instincts pervers nous entraînent. Il faut que l'esprit reste le maître, que les passions se courbent sous l'empire de la volonté, que le mal cède à la puissance du bien ; il faut que le devoir prenne le pas sur le plaisir, et que la conscience règne en souveraine au lieu de prendre la lâche habitude de ces capitulations où, en échange d'une joie éphémère, on sacrifie l'honneur, la fierté et la conscience même.

L'enjeu de cette lutte est d'assez haute importance pour que nul n'ait le droit de se désintéresser : ni le père, ni la mère, ni le maître, ni l'ami, ni ceux qui ont la garde des destins de la patrie, ni surtout ceux qui ont charge d'âmes. Or, qui est armé de la plus sainte autorité et de la force la plus efficace pour faire pencher la victoire du côté du bien, du devoir et de la vertu? C'est le prêtre, le prêtre véritable qui a la conscience de sa mission divine, et qui se sait le dépositaire de toute la sagesse et de toutes les vertus du Christ.

L'âme, aux prises avec les passions, a besoin d'un confident initié à ses douleurs pour les consoler, à ses triomphes pour y applaudir, à ses défaites même pour les réparer; d'un conseiller qui l'encourage et lui montre le chemin du devoir aux heures où il fait nuit et où les ténèbres des passions nous le dérobent; de la force même de Dieu, car il ne faut rien moins pour se vaincre et pour devenir un homme. Le prêtre est de droit divin, pour tout croyant, le confident qui représente Dieu; le conseiller le plus désintéressé et le plus sage, puisqu'il n'a qu'à rappeler à l'homme l'Évangile et la loi éternelle ; le bras de Dieu enfin, puisqu'il a reçu, avec la puissance du sacrement, le don de produire la grâce, sans laquelle il faut renoncer à maîtriser la passion qui entrave le bien et le tient en échec.

On a écarté le prêtre, on l'a supprimé ; on ne l'a pas remplacé. Il n'est plus là, au moment de l'angoisse ; et son absence fait un vide que rien ne peut remplir.

Le prêtre existe, dites-vous, il ne tient qu'au jeune homme d'utiliser, si bon lui semble, pour son éducation personnelle, ce concours précieux et, selon vous, si nécessaire. Les universités catholiques sur ce point n'ont rien à innover. — Assurément, le prêtre existe ; mais dans l'état actuel de nos mœurs, il n'existe pas pour le jeune homme, il n'existe pas spécialement pour lui, il ne vit pas avec lui dans un commerce intime ; d'autres devoirs, d'autres charges l'absorbent et l'empêchent de se vouer pleinement à la culture de son âme. Le prêtre est à la paroisse ou à la cure ; à ses catéchismes ou à ses confessions; il vit retiré derrière les hautes murailles qui le clôturent; il est aux mille soucis du ministère; il va partout où sa vocation l'appelle; mais il n'est point le compagnon du jeune homme. Il est pour lui comme s'il n'était pas.

Je le sais, certains prêtres zélés ont résolûment abordé ce ministère si fécond, entraînés par d'heureuses circonstances, ou impérieusement poussés par l'attrait d'une vocation spéciale et bénie de Dieu; mais combien sont-ils? Et croit-on, de bonne foi, qu'un seul homme puisse s'occuper sérieusement de cinq cents jeunes gens? On ne fait pas de la haute éducation morale par masse, comme on instruit une compagnie de soldats : c'est une œuvre essentiellement restreinte qui vise les individualités et non les groupes. Nous avons, dans notre siècle, tellement opprimé et méconnu les individualités que ce qui touche à leur formation et à leur gouvernement est à peu près lettre close pour la plupart des dirigeants. On ne rêve que des corps organisés, disciplinés; on songe à façonner des soldats, on oublie les chefs. Le soldat vaut par le nombre, mais le chef vaut par lui-même : si l'on en veut, il faut les former individuellement.

Un grand bienfait des universités catholiques sera d'abord de mettre en contact intime l'étudiant et le prêtre.

Beaucoup de prêtres feront partie du corps professoral; à ce seul titre, ils seront connus de l'élève. Il apprendra à voir en eux non plus seulement l'homme du culte, qui monte à l'autel avec ses habits sacerdotaux, qui confesse ou qui prêche, mais le dépositaire de la science divine, qui en connaît les secrets, qui la défend contre toute attaque de l'erreur, et en divulgue les splendeurs ignorées. Il verra le prêtre qu'il a besoin de connaître; celui qui, en comprenant son esprit, en devinant les difficultés avec lesquelles il se débat, et dont il a peut-être lui-même souffert le premier, est mieux capable de descendre jusqu'à son cœur et d'y apporter la lumière et la vertu de Dieu. Il le verra non en passant, comme un étranger, mais souvent, comme un ami; il ira frapper à sa porte comme à la porte du sage; et ce seuil lui sera d'un accès d'autant plus facile que la demeure du prêtre sera voisine de celle de l'étudiant.

Le nombre de ces éducateurs religieux se multipliera forcément. Plus d'un maître tiendra à honneur de faire passer son âme entière dans l'âme des disciples qui se grouperont autour de sa chaire.

Les vérités religieuses, toutes les sciences de l'ordre divin ont ce privilége de n'être pas purement spéculatives, mais éminemment pratiques. Elles exigent, pour être pénétrées, un cœur qui sait imposer silence aux passions et glorifier la doctrine par une vie droite et austère. Lorsque la vérité catholique sera enseignée par ces maîtres avec une conviction entraînante, comment douter que l'âme du jeune homme ne s'ouvre à eux, en même temps que son intelligence ?

Le maître deviendrait ainsi, tout naturellement, le directeur; et grâce à ce double patronage se formera de nouveau la race, trop peu nombreuse aujourd'hui, de ces chrétiens qui sont avant tout des hommes, et qui honorent leur foi par une intelligence et un caractère dignes d'elle.

Enfin, un dernier moyen d'éducation morale dans les universités catholiques sera de garder intacte et forte la croyance religieuse de leurs disciples, et de ne jamais permettre que rien ébranle ces principes chrétiens dont le renversement prépare la ruine de tant de caractères.

Aujourd'hui, ce qui tue la foi, ce qui sape les convictions les plus saintes, ce sont les erreurs courantes et les préjugés. Ils sont d'autant plus pernicieux qu'on ne peut en éviter le contact et qu'une ignorance déplorable des vérités divines nous livre sans merci à leur influence néfaste. On la subit en naissant, pour ainsi dire; elle ébranle l'adolescent, elle abat le jeune homme et le frappe à mort. C'est à vingt ans, en effet, qu'il s'affiche incrédule et met une triste gloire à répudier les dogmes de la foi; c'est donc à cette heure qu'il faut augmenter les lumières sans lesquelles sa religion ne se défendra pas contre le scepticisme. Malheureusement, plus il avance dans la vie, moins ces lumières le suivent; en sortant du collége, il quitte pour toujours les enseignements, déjà bien incomplets, de la doctrine catholique. La conséquence fatale, c'est l'affaiblissement très-prochain et ensuite la mort de ses croyances.

Il n'en sera pas ainsi dans nos universités le jour où, conscientes de leur mission, elles auront rétabli, au sein de notre âge, le haut enseignement de la théologie. Sans doute, l'étudiant en droit ou en médecine ne viendra pas suivre les cours comme ceux qui se destinent au sacerdoce ou qui veulent faire de la science sacrée une étude spéciale. N'importe. S'il ne va pas au-devant de la lumière, la lumière viendra au-devant de lui ; et les esprits les plus récalcitrants n'échapperont pas au rayonnement de la vérité, dès qu'elle aura trouvé un foyer dans nos facultés de théologie.

Les questions religieuses ne seront plus discutées au nom de mesquines passions, comme il n'arrive que trop ; elles seront posées au nom de la science synthétique ; elles seront agitées par les étudiants eux-mêmes, et ces controverses ne seront pas le moyen le moins efficace pour faire pénétrer dans le public la ferme et grande doctrine des maîtres. Ce n'est pas la science, c'est l'ignorance qui tue la foi ; et c'est la doctrine savante qui contribuera le plus à la maintenir prospère dans l'âme des jeunes générations.

Quand on sait le rôle de la foi religieuse dans la vie d'un homme, et la place qu'elle occupe dans l'éducation morale, lorsque, d'autre part, on apprécie l'action doctrinale des universités catholiques, est-il difficile de comprendre les bienfaits que de telles institutions vont verser sur notre pays? Pour nous, nous ne leur demandons qu'une chose : c'est de produire des esprits lumineux et des caractères; c'est de pouvoir présenter un jour avec orgueil, à l'Église et à la patrie, des hommes assez doctes dans la foi pour faire honneur à l'une, et assez chrétiens pour sauver l'autre, au moment du péril.

Tel est l'esprit qui animera, nous n'en doutons pas, les règlements disciplinaires auxquels devront se soumettre les étudiants. Il ne sera point nécessaire de condamner la jeunesse à la discipline d'une caserne, ou à la vie cloîtrée d'un couvent; il suffira d'une liberté tempérée, d'une existence que le travail remplira, que des maîtres religieux protégeront et que la vérité soutiendra de ses graves enseignements.

Mais il y a mieux à faire qu'à prophétiser;

il faut se mettre à l'œuvre, et nous y sommes. Le succès répond à tout, et, nous en avons l'espoir, il nous permettra le silence devant les attaques.

CHAPITRE X.

De quelques objections contre les universités catholiques.

Les partisans sincères de la liberté sont rares. Tel en proclame bruyamment le principe abstrait, et se montre, dans la pratique, intolérant et despote. Tel se dit libéral, lorsqu'il fait partie de l'opposition; et si d'aventure il escalade le pouvoir, vous ne rencontrerez pas de pire autocrate. Mieux vaut César que ces faux libéraux. César a la franchise de son despotisme, il l'érige en dogme avec une sorte de cynisme qui ne saurait tromper personne; il fait des serviteurs, il ne fait pas de dupes. Ces prétendus libéraux démagogues ont de faux masques, et ils ne sont, à vrai dire, que les tartuffes de la liberté.

On l'a bien vu dans les débats du parlement, lorsqu'il s'est agi de l'enseignement supérieur. Certes, s'il y avait une loi équitable, que dis-je? s'il y avait une loi qui s'imposait aux programmes de tous les partisans de la liberté et du droit commun, c'était bien celle-là.

Comment! voilà des pères de famille, des hommes convaincus, qui, au nom de la conscience, de la religion, de la justice et du droit commun, réclament la liberté d'enseigner leurs fils suivant leurs croyances, et c'est dans le camp de ceux qui se disent libéraux, que se forme l'opposition la plus implacable!

Il y a des cas où la haine est sans pudeur.

Si, pour certains adversaires de la liberté de l'enseignement, la conscience, la religion et la justice ne sont rien, il y a un principe qui du moins devait leur commander le respect, c'était la liberté même dont ils se proclament si haut les purs chevaliers. Non : la haine a été plus forte que la liberté. Au fond, ces hommes ont la haine du catholicisme, et c'est à ce sentiment indigne qu'ils ont obéi en essayant de barrer la route à une loi de liberté.

On eût compris que les partisans déclarés du despotisme eussent affirmé l'omnipotence de l'État et repoussé tout ce qui pouvait y porter atteinte : c'était logique. Mais que des libéraux aient eu cette audace, c'est une contradiction par trop révoltante. Leur conduite prouve qu'il ne faut pas croire à ces parleurs de liberté qui cachent sous ce nom sacré des haines et des passions tyranniques qu'ils n'oseraient étaler sans voile.

Les despotes ne sont pas tous ceux qu'on pense. Gardons-nous de tous les rusés, de tous les fourbes, de ceux qui essaient aujourd'hui d'emprunter la plume de Tacite, pour stigmatiser Néron, et qui, demain, organiseront impudemment le Comité de Salut public.

Loin de nous la pensée d'envelopper dans la même réprobation tous ceux qui, à des points de vue divers, ont fait opposition à la liberté de l'enseignement supérieur. Il y a des oppositions respectables ; il en est qu'il faut savoir excuser.

L'homme qui obéit à ses principes peut être dans l'erreur ; mais sa conduite loyale commande le respect. Il ne trompe personne, et surtout il ne se ment pas à lui-même.

Nous trouvons tout simple que l'école césarienne, dont nous ne saurions trop flétrir les dogmes, ait maintenu le principe de l'État enseignant sans rival. C'était une conséquence de son système de pouvoir absolu.

Rien n'est plus dangereux pour les consciences et pour la liberté que cet abandon de l'intelligence, de sa formation et de son avenir à une autorité sans contrôle.

Tout absolutisme est immoral. Contre la puissance humaine il nous faut des garanties. Le met-on en doute, lorsqu'il s'agit des intérêts matériels ? Pourquoi, alors, livrer sans restriction et sans sauvegarde les intérêts de l'âme? A notre époque troublée, le besoin de sécurité prime tout dans certains conservateurs; ils veulent être tranquilles à tout prix, et la paix mensongère que leur promet le pouvoir absolu leur fait sacrifier jusqu'à l'indépendance. Ils ne connaissent plus ce fier adage : *malo periculosam libertatem quàm tranquillam servitutem ;* entre les périls de la liberté et la tranquillité de la servitude, leur choix est fait : ils préfèrent la quiétude des asservis.

Mais notre but n'est pas de réfuter ici les partisans du monopole de l'État dans la fonction d'instruire la jeunesse française, nous signalons seulement les catégories diverses suivant lesquelles ils peuvent être classés.

A côté du césarisme et de la démocratie autoritaire, remarquons un groupe distinct d'hommes très-modérés d'ordinaire et amis de la liberté, qui n'ont pas vu sans regret et sans crainte la promulgation de la loi : ce sont les universitaires. Rien de plus naturel, sinon de plus légitime. Attachés de cœur à l'université, pouvaient-ils voir sans tristesse s'évanouir un monopole qui avait pour eux tant d'avantages ou plutôt tant de prestige? Il leur eût fallu une rare abnégation pour accueillir avec sympathie une loi qui portait atteinte à de glorieux priviléges. Et puis, les débats parlementaires avaient mis à nu quelquefois avec rudesse, rarement avec exagération, presque toujours avec vérité, les vices de l'enseignement officiel, ses lacunes et sa décadence. De telles révélations n'étaient guère propres, on le comprend, à rallier à la cause de la liberté ceux qui, par elles, se sentaient plus ou moins blessés.

Enfin, ce n'est jamais sans quelque appréhension que certaines natures circonspectes envisagent un avenir nouveau. Le régime de la liberté a ses avantages; mais il a ses inconvénients.

Que sortira-t-il de cette émancipation qui va donner libre carrière à toutes les doctrines les plus opposées ? La doctrine catholique a de grandes chances de victoire, ne fût-ce qu'en raison de la puissance hiérarchique de l'Église : donner la liberté, n'est-ce pas lui préparer pour aujourd'hui le succès, et pour demain le monopole ? Cette concurrence sans frein, que produira-t-elle ? Un progrès dans les études, ou un amoindrissement ? On distribuera plus de diplômes : ces diplômes seront-ils délivrés avec une sévérité qui garantira le travail et maintiendra le niveau des études, ou bien seront-ils donnés avec une complaisance qui abaissera les intelligences, sûres d'obtenir sans effort un titre nécessaire mais illusoire ?

Ces questions et d'autres encore ont vivement préoccupé un certain nombre d'esprits; aussi on se rend compte sans peine, par ce simple exposé, des défiances, des hostilités, des colères qui, dans une fraction de l'opinion publique, ont accueilli la loi sur la liberté de l'enseignement supérieur.

Mais la loi est promulguée, elle se défend d'elle-même; contents ou mécontents, il faut la subir, je dirai mieux, il faut savoir en user.

Or, les défiances, les hostilités, les colères qui se sont fait jour, à propos de la loi, éclatent encore et poursuivent les universités naissantes. Ce n'est donc point avec la faveur du public que se créeront les facultés libres, et surtout celles des universités catholiques. Tant mieux. La guerre ne nous déplaît pas; si elle a ses périls, elle a ses gloires ; elle ne permet point qu'on s'amollisse, et elle seule fait les forts.

J'ai bon espoir pour toutes les semences jetées dans la tempête : elles lèvent mieux.

Toutefois, sans nous alarmer de l'opposition que l'œuvre des universités catholiques rencontre, il est bon de s'en occuper. Il ne faut pas laisser répandre dans l'opinion ces misérables sophismes qu'on nous objecte, et dans lesquels on ne sait ce qu'il faut le plus flétrir, de l'erreur ou de la haine. Ils sont plus haineux encore, si c'est possible, qu'ils ne sont faux.

Les catholiques ont obtenu la liberté, non pas une liberté de faveur, mais une liberté de droit commun. Y a-t-il rien de plus légitime? Sous la garde de cette liberté ils se mettent à l'œuvre, est-il rien de plus respectable?

Cette activité effraie ceux qui, n'écoutant que leurs passions haineuses, foulent aux pieds les droits imprescriptibles de la conscience, et pour lesquels un adversaire n'est plus un homme, mais un ennemi. Ils dénoncent à l'opinion publique ce qu'ils nomment l'envahissement du parti clérical. Qu'est-ce que ce langage barbare inventé pour servir de mot d'ordre à une tourbe sans aveu qu'on pousse, les rangs serrés, au renversement de ce qu'il y a de plus saint, et qui voudrait souiller le temple avant de les brûler?

Si cléricalisme et catholicisme sont synonymes, pourquoi ne pas prendre cette dernière dénomination, qui n'est pas, du moins, entachée de mépris et qui a le mérite de la clarté ? Mais non, le sectaire a besoin de l'obscurité pour dissimuler ses sophismes. N'ayant ni la vertu, ni la force du respect, il se sent faible, et il croit trouver dans l'injure et le mépris l'arme qui manque à celui qui n'est ni dans la vérité ni dans la charité.

Que veulent-ils donc dire, ceux qui crient à l'envahissement de l'esprit clérical? Est-ce du cléricalisme, de remettre en honneur dans l'intelligence française les sciences religieuses tombées dans un si lamentable discrédit? Est-ce du cléricalisme, de restaurer dans la raison publique la science de Dieu ébauchée par Platon et Aristote, si largement conçue par les docteurs de l'Église, et traduite dans une langue immortelle par les grands écrivains et les lumineux génies du dix-septième siècle? Est-ce du cléricalisme, de former des chrétiens armés d'une puissante doctrine pour défendre leur foi? Est-ce du cléricalisme, de protéger la liberté fragile de la jeunesse et de la soumettre à une discipline intelligente qui la dresse peu à peu à la pratique et aux devoirs de la liberté virile? Est-ce du cléricalisme, de n'être point l'esclave de son temps, de n'en point vouloir subir les préjugés irréligieux et les tendances matérialistes? Est-ce du cléricalisme enfin, de penser que l'enseignement officiel a des lacunes, et de concevoir la haute éducation intellectuelle autrement que l'État?

Eh bien, nous ne voulons pas autre chose.

Il peut y avoir, dans le catholicisme comme partout, et nous le déplorons, des natures qui n'en comprennent pas et qui même en défigurent l'esprit; si c'est là le cléricalisme, qu'on le dise, mais qu'on cesse une fois pour toutes de confondre sous le même mot et d'envelopper dans la même répulsion ceux qui professent et des doctrines et des sentiments tout contraires.

Entend-on par cléricaux ceux qui ont la haine de leur temps, ceux qui, fermés à toute inspiration nouvelle de Dieu, ne voient dans l'avenir que la restauration artificielle du passé; qui confondent la politique et la religion, identifient le roi et le Christ; ceux qui rêvent de rallumer des bûchers et de renouveler les dragonnades?

Où sont-ils? N'est-ce pas là un fantôme créé à plaisir, un mythe, une sorte de spectre noir évoqué par les hommes qui ont donné lieu au spectre rouge, et destiné à égarer cette portion de l'opinion publique où sévit l'irréligion et où fermentent les haines sociales? Alors même que de tels hommes existeraient, qu'un tel parti s'organiserait; qu'en pourrait-on déduire contre le catholicisme? De tels hommes et un tel parti doivent garder la responsabilité de leurs actes : la grande Église du Christ n'a rien à démêler avec eux.

Les écrivains et les publicistes qui prennent à tâche de ne montrer le catholicisme que sous la figure du cléricalisme savent bien ce qu'ils font. Nous leur croyons trop d'esprit pour les supposer de bonne foi, mais ils se souviennent du *mentez, mentez toujours*, et ils finissent par persuader au bon peuple que le catholicisme est une coterie, que les chrétiens sont des sectaires, qu'ils n'ont plus la France pour patrie, mais Rome, qu'ils vendraient leur pays pour une parcelle des États de l'Église, qu'ils vont faire table rase du code civil, ramener le monde à six siècles en arrière, et que les universités catholiques seront les foyers de cet esprit de réaction, le plus implacable ennemi de ce qu'on nomme la civilisation moderne.

En vérité, il faut que l'opinion en France soit tombée bien bas pour tolérer de pareilles absurdités. Quand même une minorité quelconque fournirait par ses paradoxes et ses violentes prétentions un certain prétexte aux injures qui accueillent les universités naissantes, quand bien même cette minorité réussirait à créer des universités, elle serait dans son droit en usant de la liberté. Où est le mal? — Elle va corrompre la France. — Dormez tranquilles, honnêtes gens; la France n'a pas à craindre d'être envahie par ces violents, par ces réactionnaires, s'ils existent. Ce qui la menace, ce n'est pas la réaction, c'est la révolution. On a déboisé les forêts, et il n'y a plus de bois pour les bûchers ; mais le pétrole est là, et on sait quel usage en font ceux qui ont trouvé le moyen d'allumer dans le cœur du peuple la haine de Dieu, la haine de l'Église et de leurs frères.

En voyant naître les universités catholiques, on s'effraie encore et l'on dit : Prenez garde, c'est la guerre civile des esprits.

Ceux qui parlent ainsi connaissent bien mal l'état réel de notre pauvre patrie. S'imaginent-ils donc que les esprits vivent en paix et ne forment qu'une famille de frères? Ne voient-ils pas que, depuis plus d'un siècle, la guerre civile est partout, dans la politique, dans la science, dans la littérature, dans les arts, dans la philosophie, dans la religion? Ce qui se passe dans la rue est l'image de ce qui se passe dans le secret des cœurs. Quand l'incendie dévore les monuments, les églises et les palais, il y a longtemps déjà que la haine couve dans les êtres farouches qui se sont faits incendiaires. Quand les citoyens s'entr'égorgent, et que la guerre civile descend dans la rue, c'est qu'elle rugit depuis longtemps dans les âmes. Qui oserait dire qu'elle est calmée, et que la paix est faite? Au dehors peut-être, mais au dedans, il s'en faut bien; dans les actes, soit; mais dans les paroles, que d'homicides! Si donc la guerre existe, les universités catholiques ne peuvent pas la produire. Elles la perpétueront, disent nos ennemis. Comment! Est-ce que jamais les chrétiens ont passé pour des révolutionnaires, ailleurs qu'au tribunal de Néron ou aux yeux de Julien l'Apostat? Alors, je demanderai si nous allons voir revivre les jours de cette tyrannie féroce? Évidemment on ne le voudrait pas. Si de tels jours renaissaient, nous le déclarons, nous nous montrerons ce que nous fûmes, et on verra que notre fière indépendance n'a pas vieilli.

Lorsque des doctrines contraires sont en présence, il y a guerre, guerre inévitable. Sans doute la tolérance, le respect mutuel, la douceur et la justice peuvent établir, entre des convictions opposées et les hommes qui les défendent, une certaine harmonie apparente. Un catholique et un libre-penseur peuvent, sans en venir aux mains, vivre côte à côte. Un peuple protestant et un peuple catholique ne sont pas, à cause de l'opposition de leur croyance, nécessairement en guerre. Si tous les chocs de doctrines se traduisaient toujours en luttes brutales, la terre entière serait le théâtre d'une immense tuerie.

Toutefois, on ne peut le nier, la division des esprits est un objet permanent de troubles et de discordes. Un peuple où elle règne ne saurait se flatter de rester longtemps tranquille; et il ne sera jamais ni puissant ni prospère. Les hommes tant soit peu clairvoyants, soucieux de l'avenir et de la force de leur pays, ne s'y trompent point : il n'en est pas un qui ne désire établir dans la nation l'entente des esprits, pas un qui n'y travaille selon sa mesure. Le mobile qui les pousse n'est pas seulement le secret désir de la tranquillité, mais encore la conviction que le progrès matériel lui-même est au prix de la concorde des âmes.

Or, disent les adversaires du catholicisme, ne voyez-vous pas que vos universités vont fomenter de nouvelles divisions, en donnant une recrudescence nouvelle à des idées religieuses qui étaient à la veille de disparaître de notre société cultivée? Oui, ces idées s'en allaient : c'est notre persuasion intime et bien réfléchie, le système actuel de l'enseignement supérieur nous acheminait peu à peu, à l'insu d'un grand nombre, à la destruction de la foi dans les intelligences lettrées. Si on l'eût laissé produire tous ses fruits, avant un demi-siècle, on eût pu voir le triomphe complet du scepticisme religieux et philosophique. Je comprends que les hommes qui voient dans la saine philosophie ou dans la religion une cause de discorde, qu'il est urgent de supprimer, aient attendu avec impatience l'heure de leur destruction totale; et je trouve tout simple qu'ils crient à la guerre civile des esprits, devant cette loi de liberté qui se dresse comme une barrière contre l'envahissement du scepticisme et des doctrines radicales.

Et quelle paix veulent-ils donc ? la paix dans la mort, la tranquillité dans le néant. Grand Dieu ! où s'arrêterait-on dans les démolitions, si l'on poussait à bout cette funèbre doctrine? Dieu est un ferment de discorde parmi les hommes; ils n'ont jamais pu s'entendre sur lui : qu'on supprime Dieu. La religion est une source de luttes, elle allume des guerres parfois implacables : qu'on supprime la religion. Le Christ est venu apporter la division parmi nous; car *il est un signe auquel on contredit* (1) : qu'on supprime le Christ. La philosophie a des écoles ennemies, toujours en dispute; ces voix dissonantes nous sont un supplice : qu'on supprime la philosophie. Les catholiques protestent contre certaines tendances matérialistes et de monstrueuses erreurs sociales; ils ont raison peut-être; mais nous ne pouvons avoir la paix avec eux : qu'on supprime les catholiques. Ainsi raisonnent tous les tyrans.

Qui voudrait donc d'une paix ainsi achetée? Certes, nous souhaitons l'harmonie des esprits autant que personne; nulle puis-

---

(1) Évangile selon saint Luc.

sance humaine n'y a plus travaillé que le catholicisme ; mais nous la voulons dans la vérité, dans le Christ et en Dieu. Pour y parvenir nous ne demandons pas qu'on détruise ou qu'on supprime ce qui nous gêne, nous demandons qu'on nous laisse libres. La liberté suffit à la vérité, et c'est notre foi absolue que nous sommes les dépositaires de la vérité religieuse. De là vient notre avide besoin de l'enseigner au monde, et de la répandre d'abord dans notre pays qui se meurt, parce que cette lumière divine lui est interceptée.

Julien l'Apostat nous refusait des écoles : il trouvait, lui aussi, que nous allumions dans l'empire la guerre civile des esprits. Nous avons eu des écoles malgré lui. Le monde a connu la vérité chrétienne : cette vérité a-t-elle fait mourir le vieux colosse romain ? Non, il est tombé de décrépitude ; et si cet esprit nouveau, qu'on décore aujourd'hui du nom dédaigneux de clérical, ne se fût trouvé là, que serait devenue, sous les pieds des barbares, cette civilisation romaine dont le cycle était épuisé?

Les temps ne sont pas les mêmes; et néanmoins il existe entre ces époques, si éloignées l'une de l'autre, plus d'une analogie transparente. Une vieille société s'écroule, comme autrefois le vieux monde païen, sensuelle, inquiète, sceptique. Qui peut la sauver, si ce n'est l'Esprit du Christ, seul vivant, seul immortel? Il demande à rayonner comme il resplendissait jadis; sa doctrine, voilée par des préjugés sans nombre, plus répandus et plus perfides, va trouver enfin, dans les universités catholiques, des foyers pour concentrer et projeter sa flamme.

Le vieux monde apostat en tressaille : et, au lieu de s'ouvrir à cette lumière, il en a peur, il demande qu'on le laisse à sa nuit; il veut que rien ne trouble la paix de son tombeau. Nous ne l'écouterons pas. Aujourd'hui, comme au temps de la société païenne, nous rouvrirons nos écoles et nous enseignerons à nouveau. Si la lutte entre les esprits devient plus vive, nous ne craindrons rien d'elle. Les vainqueurs pacifieront toutes choses, et ce n'est pas nous qui douterons un instant que notre foi ne reste maîtresse du champ de bataille.

Nos ennemis le savent; et c'est parce qu'ils nous redoutent, qu'ils nous dénoncent lâchement à leur parti, et à l'opinion française, comme des fauteurs de guerre civile... entre les esprits.

Qu'on se rassure; si la patrie n'a pas de plus redoutables adversaires que nous, elle peut se réjouir. Ceux qui l'ont faite, ceux qui ont défriché son sol, ouvert ses premières écoles, adouci ses mœurs, élevé ses rois et instruit son peuple, comment s'y prendraient-ils pour détruire ce qu'ils ont si admirablement construit? Ils ont le génie qui crée et qui sauve, ils n'ont pas le génie de la destruction et de la haine. Ce qu'ils ont accompli témoigne de ce qu'ils pourront faire encore : leur passé doit garantir leur avenir.

N'insistons pas davantage sur ces objections qui, dans un certain parti, sont devenues des lieux communs d'exploitation facile pour ces écrivains qui ont pris à tâche d'ameuter les passions contre le catholicisme.

Il ne faut pas espérer de rallier de tels adversaires, il faut se borner à les confondre.

En dehors d'eux, l'œuvre des universités catholiques ne rencontre plus que des défiances et des oppositions qui n'ont rien de blessant. Nous ne voulons pas les relever en détail; l'avenir se charge de donner la réponse: sachons attendre. Lorsque l'expérience de la nouvelle loi aura été faite, lorsqu'on aura vu les catholiques appliquer à l'enseignement supérieur le dévoument, la constance, la sagacité qu'ils ont su déployer dans l'enseignement secondaire, nous n'en doutons pas, les esprits sincères qui voient s'ouvrir avec crainte cette ère nouvelle de liberté. seront les premiers à applaudir.

Pourquoi, du reste, redouterait-on ce

régime de concurrence qui, dans d'autres pays, en Angleterre, en Allemagne, en Suisse, en Italie, partout, donne des résultats si féconds? La doctrine ne gagne rien à être centralisée : ce qu'il lui faut, c'est la liberté et la spontanéité. Ces programmes qui creusent une ornière à la pensée de tout un pays, finissent par l'étouffer à force de la contraindre ; et, au bout de quelques années, on ne tarde pas à voir les esprits dépérir dans un enseignement mort sous les bandelettes et les réserves officielles.

Toutefois, ce n'est pas en un jour que les universités libres pourront faire sentir leur influence et témoigner de leurs bienfaits. Il faudra le temps. Les germes des grandes œuvres ne s'accusent tout d'abord que timidement ; mais qu'on les laisse grandir, il n'est rien qu'ils ne puissent donner.

Après tout, que pouvons-nous perdre à faire l'expérience de la liberté des doctrines? Toutes nos constitutions sont plus ou moins révisables. Les peuples portent en eux la lumière et la force de se conduire ; si les lois décrétées sont bonnes, le temps les confirme ; elles passent dans les mœurs et elles deviennent inébranlables ; si elles sont mauvaises, on souffre d'elles, une juste opposition les mine bientôt, et l'on se venge du mal qu'elles ont pu faire en en décrétant de meilleures.

Nous ne redoutons point pour la loi de l'enseignement supérieur une pareille infortune.

CHAPITRE XI.

De la Tâche doctrinale des universités catholiques.

La tâche doctrinale des universités catholiques est immense. Est-elle suffisamment comprise de ceux-là même qu'elle devrait le plus intéresser? Nous ne voulons pas le mettre en doute. Il y aurait plus qu'un péril, il y aurait une faute, peut-être irréparable, à la méconnaître. Qu'il nous soit donc permis de l'esquisser en traits généraux, et de démontrer, s'il est possible, aux esprits les plus rebelles son opportunité, son urgence et sa grandeur. Lorsqu'on verra ce que nous sommes résolus d'accomplir, la beauté de l'œuvre ralliera peut-être à nous les hommes de bonne foi; dans tous les cas, elle commandera le respect et l'estime à ceux mêmes qui, aujourd'hui, se permettent de nous dédaigner.

Le besoin le plus impérieux des âmes, à notre époque, c'est la vérité. Jamais elle n'exerça moins d'empire.

Des trois grandes sources par lesquelles elle jaillit jusqu'à nous : l'expérience, la raison et la foi, les deux dernières sont à peu près taries pour une multitude d'intelligences. Le courant nous emporte dans la direction des sciences de la nature, de l'observation et du fait. Les sciences de l'âme et la métaphysique, en première ligne, sont délaissées ou niées; la théologie et les sciences de l'ordre divin le sont plus encore. Les savants seuls abondent, les philosophes sont rares, les théologiens plus rares, et plus dédaignés que les philosophes. L'expérience a tout crédit, la raison et la foi comptent à peine. Aussi les ténèbres sont-elles grandes parmi nous : si la nature matérielle se révèle, Dieu et l'homme en ce qu'il a d'immortel se voilent, et, s'il fait jour sur la terre, il fait nuit noire dans le ciel.

La vérité subsiste quand même : l'homme en la contemplant ne la crée pas, il en est l'humble témoin ; pareillement, lorsqu'il s'en détourne, il ne la détruit pas ; et son apostasie ne fait que montrer combien la vérité est nécessaire. A mesure qu'il la nie, les abîmes se creusent, les mœurs se corrompent, le génie s'éteint, les grands caractères s'en vont, les lois fléchissent, les sociétés s'ébranlent, les races s'atrophient : tout meurt.

Aussi les hommes de la science positive auront beau nier la science philosophique et la science religieuse, il n'est pas en leur pouvoir de les supprimer. En dépit de leur négation les traditions immortelles de la raison persistent, consignées dans l'histoire en traits indélébiles, et gardées dans le secret, par des âmes vivantes qui en conservent l'inviolable dépôt. M. Auguste Comte et ses disciples ne feront pas oublier Aristote ni Platon. A travers tous les blasphèmes d'une génération pour laquelle Dieu semble un être fini, et sa science un rêve de cerveau d'enfant, la tradition divine de la foi ne fléchit pas. Que dis-je ? elle se renforce. L'autorité qui la garde est plus visible, ses rayons sont plus éclatants. Le foyer brille moins, sa flamme est moins expansive; mais elle est plus concentrée et plus intense. Quand bien même on ne frappe pas le silex pour en tirer l'étincelle captive, la flamme y est : elle en peut jaillir, et il n'appartient à personne de l'éteindre.

Il y a donc pour l'homme trois sphères de vérités : la première renferme les connaissances positives, elle a pour flambeau l'expérience ; la seconde comprend les connaissances rationnelles, elle a pour astre la raison ; la troisième embrasse toutes les connaissances suprarationnelles ou divines, elle a pour centre la foi. Tel est le patrimoine intellectuel de la race humaine. Il n'est pas donné à tout homme ni à tous les siècles de le faire fructifier également dans ses diverses parties. Certains hommes ne font usage que de leur raison expérimentale, d'autres se vouent à la contemplation de ce monde idéal que la raison spéculative explore; et il en est enfin qui, écoutant la voix de Dieu et de son Christ, se consacrent à recueillir et à traduire en langue humaine les mystères et les oracles de l'Infini. Suivant les courants qui les entraînent, les siècles et les hommes se mettent en communion avec la nature, avec l'humanité ou avec Dieu. Ce sont les trois centres nécessaires autour desquels gravite toute intelligence; et quiconque veut apporter à la somme des vérités acquises un appoint nouveau, est contraint de puiser à l'un de ces trois foyers. Toute œuvre doctrinale a forcément pour objet de mieux nous révéler la nature avec laquelle nos sens nous mettent en rapport, le monde intime et idéal de la raison, ou le monde divin de la foi.

Les universités catholiques ont-elles une

tâche spéciale en cette œuvre de lumière? Ne s'agit-il pour ces institutions que de restaurer l'antique enseignement de leurs vénérables aïeules? N'ont-elles qu'à secouer la poudre des vieux livres de nos Docteurs et de nos Pères, et qu'à commenter à notre génération ces chefs-d'œuvre incompris? Est-ce pour refaire simplement les disciples de Pierre Lombard, d'Albert le Grand, de saint Bonaventure ou de saint Thomas d'Aquin, que nous allons ouvrir de nouvelles écoles? Le passé a-t-il tout dit, et n'avons-nous plus qu'à en apprendre les leçons oubliées, ou bien l'avenir a-t-il des secrets à nous livrer? Faut-il regarder en arrière, ou croire en l'avenir?

Bref, les universités catholiques ont-elles une œuvre urgente, providentielle à accomplir, oui ou non?

Énoncer de telles questions, c'est les résoudre. Celui qui croirait que la nature n'a plus d'énigmes à nous poser, que la science philosophique n'a plus qu'à s'immobiliser dans des solutions depuis longtemps formulées, que la foi n'a plus de développements à recevoir, celui-là méconnaîtrait étrangement la nature, l'homme et Dieu. L'histoire lui infligerait d'ailleurs un démenti sans réplique.

La science ne va-t-elle pas toujours entassant découvertes sur découvertes? La raison, sous l'égide de la foi, ne combat-elle pas toujours, avec des armes renouvelées et plus solides, des erreurs toujours plus vieilles et mieux démasquées? L'esprit de Dieu cesse-t-il, un instant, de communiquer aux hommes une intelligence plus nette et plus étendue de sa parole, de ses desseins et de ses œuvres qui vont grandissant? La science divine se déroule avec les siècles, il est des temps où Dieu dévoile des secrets qu'il avait cachés jusque-là. Quand il apparut à Moïse : Je suis, dit-il, le Dieu d'Abraham, d'Isaac et de Jacob; et je ne leur ai pas dit mon vrai nom: Adonaï (1). Dieu n'efface jamais aucune des

(1) Exode, ch. 6.

pages de la Révélation ; mais il nous accorde de les mieux lire : ce qui était vague se précise, ce qui était enveloppé se découvre ; et c'est en cela que consiste, d'après saint Thomas d'Aquin, l'élément progressif de la théologie (1). Dès qu'un dogme est promulgué, il faut que la théologie s'en empare et l'interprète. L'énoncé suffit à la foi ; le commentaire et l'interprétation sont nécessaires à l'intelligence raisonnée de la Foi. Une grande vérité qui concerne la constitution même de l'Église, l'infaillibilité, a été définie : les docteurs n'ont-ils pas à en faire, si l'on peut ainsi dire, la théologie ?

Des universités catholiques qui se fonderaient en regardant seulement le passé, ne comprendraient guère la mission qui leur est échue ; elles ne pourraient aspirer à séduire ni à entraîner la jeunesse ; vieilles en naissant, le jour de leur inauguration serait celui de leur décès.

(1) Somme théologique (2. 2. q. 1 a 7).

Soit, dira-t-on, il y a du nouveau à faire; mais quoi? Indiquez-le.

L'œuvre nouvelle, c'est la synthèse actuelle de tout le savoir humain. Une telle harmonie existe en elle-même; elle est la première loi de la vérité; mais elle n'existe pas pour la masse des contemporains, et il est urgent de la leur montrer.

Des savants trop nombreux vivent dans cette erreur, qu'entre la science expérimentale et la foi il existe une opposition fatale, et que, si la science est vraie, la foi est fausse. Il faut leur prouver jusque dans le moindre détail que rien, dans la science, ne heurte les mystères de la foi, que tout au contraire les illumine et sert à les mieux comprendre. Des philosophes enseignent que la raison humaine est le dernier faîte de nos connaissances et qu'au-dessus d'elle il n'y a pas d'enseignement divin; il faut leur démontrer que cet enseignement existe, et que, loin de contredire à la raison, il la confirme, la complète, et l'élève jusqu'à Dieu.

Cette œuvre semble bien simple : elle est immense. Assurément la thèse générale de l'harmonie entre le monde divin de la foi, le monde humain de la philosophie et le monde matériel de la nature, est vite établie. Mais ce n'est point là ce que nous demandons. Il nous faut un rapprochement point par point, détail par détail, de ces trois mondes ; une telle œuvre ainsi comprise réclamera tout un siècle, des milliers d'ouvriers et plusieurs générations. En effet, pour harmoniser les trois sphères de connaissances dans lesquelles se concentre tout l'ensemble du savoir humain, il est nécessaire de les bien connaître. Où sont donc, je le demande, les savants qui se sont consacrés à l'étude des sciences philosophiques et théologiques ? Où sont les philosophes qui ont appliqué leur esprit aux sciences divines et à celles de la nature ? Où sont enfin les théologiens qui, comprenant le grand sens de la théologie, ne sont restés étrangers à aucune des sciences humaines et matérielles et les ont toutes connues, du moins dans leurs généralités?

De tels hommes sont-ils nombreux en France, en Europe? Leur existence serait un phénomène, car ils ne naissent pas tout formés; ils se préparent lentement et laborieusement. Qu'on nous montre les institutions françaises, et même étrangères, d'où ils auraient pu sortir! Est-ce de nos séminaires? Est-ce de nos facultés de théologie? Est-ce de nos facultés des lettres? Est-ce de nos facultés des sciences? Toutes les connaissances humaines, aujourd'hui, sont enseignées séparément; on les isole ou on les oppose, quand il faudrait les réunir. Au lieu de faire de la science synthétique et comparée, on ne fait partout que de la science analytique et séparée.

Dans les séminaires, la théologie, nous l'avons vu, est condamnée à être une science professionnelle; elle languit un peu routinière, sans se renouveler, toujours aux prises avec les mêmes textes et les mêmes interprétations, et aucun élément nouveau ne vient rajeunir les antiques formules. On se contente de réfuter sommairement les erreurs contemporaines et d'opposer des arguments presque toujours trop vagues aux attaques précises d'une science qu'on ne connaît pas assez, pour la combattre avec succès.

Dans les facultés de théologie, l'apologétique absorbe toutes les forces. Vivant face à face avec le monde hostile à nos dogmes, les professeurs sont plus à même de comprendre cette opposition et plus capables de la vaincre. Aussi, les meilleurs travaux d'apologétique sont-ils sortis non pas des séminaires, mais des facultés de théologie. Cependant tous ces travaux, excellents en eux-mêmes, manquent d'ensemble. On voit bien que, malgré leur talent souvent hors ligne, ces maîtres ne sont initiés ni aux généralités de la science, ni à une philosophie puissante, ni même aux trésors inépuisables de nos traditions religieuses. Et lorsque l'un d'eux est renommé par sa supériorité dans la science positive, la philosophie ou la tradition, il se renferme dans sa sphère spéciale et ne sait pas rattacher la science expérimentale à la foi, ni apporter à la science les lumières supérieures de la révélation.

Dans nos chaires de philosophie universitaire, l'isolement des problèmes de la raison est un principe. On a grand soin de creuser entre la philosophie rationnelle et la philosophie religieuse d'infranchissables abîmes, comme si la raison et la foi pouvaient perdre à un tel rapprochement. Lorsqu'on s'avise de les mettre en présence, ce n'est trop souvent que pour les opposer et les affaiblir par cette opposition apparente. Quant aux chaires scientifiques où il serait à souhaiter que les maîtres se contentent d'exposer les faits de l'expérience et les résultats de l'observation, c'est de là que partent les excursions les plus intempestives dans le monde de la conscience et de la foi. Le savant, comme tel, n'est qu'un profane; il n'a pas le droit d'entrer dans le cénacle où Platon enseigne, ni de franchir le seuil du temple où Dieu dit son nom. Qu'il se borne à enregistrer les phénomènes et à les classer ; son domaine est restreint à la région de l'expérience; s'il veut interpréter rationnellement ou religieusement ses observations, qu'il se déclare philosophe ou théologien et qu'il parle au nom de sa philosophie ou de sa foi. Mais non, devant une cornue, il proclame que Dieu n'est pas ; et, l'œil fixé sur le microscope, il enseigne que l'âme est introuvable.

On le voit, la grande œuvre de la synthèse de tout le savoir humain est à réédifier; et il appartient aux universités catholiques d'en proclamer l'urgence et d'en poursuivre, sans plus tarder, la difficile exécution. En effet, nous l'avons établi, il ne faut compter ni sur les séminaires, ni sur les facultés de théologie dont plusieurs causes fatales paralysent l'action, ni sur les facultés des lettres ou des sciences.

L'œuvre ne s'accomplira pas, ou elle ne s'accomplira que par les nouvelles universités.

Il faut pour cela que le plus large esprit doctrinal les anime. Qu'est-ce qu'un tel esprit? Je réponds, sans hésiter : l'esprit catholique au sens le plus vrai du mot, ou pour mieux dire, l'esprit théologique. . Il implique l'universalité et l'harmonie : par l'une il embrasse toute doctrine, aussi bien la doctrine de la science naturelle, que la doctrine de la raison et les enseignements de la foi ; par l'autre, il rapproche ces trois mondes, et en subordonnant, d'une part, les sciences expérimentales à la métaphysique, d'autre part, les sciences rationnelles aux sciences de l'ordre divin, il réalise la plus magnifique synthèse que l'intelligence de l'homme soit capable de contenir et de rêver.

C'est de la théologie, dira-t-on : or la théologie est pour les incroyants une science usée, et, pour certains croyants, une science faite. Si elle est usée, à quoi peut-elle servir? Vos universités ne lui rendront pas la vie. Si elle est faite, elles sont inutiles, il ne leur reste rien de neuf à accomplir; elles ne seront qu'un vain retour au passé.

Rien n'est plus faux. La théologie n'est ni une science usée, ni une science terminée. L'erreur des incroyants qui pensent en avoir fini avec la science théologique, n'a d'égale que celle des croyants qui se persuadent que le livre de la science sacrée est rempli, le volume scellé, et qu'il suffit d'en tirer de nouvelles éditions.

Tant qu'il y aura des hommes de foi qui n'auront répudié ni la raison ni la science, il y aura dans leur intelligence un effort persistant pour mettre la science et la raison d'accord avec la foi. L'unité est le premier besoin de notre esprit. Or, qu'est-ce que la doctrine théologique ? la synthèse de la science, de la raison et de la foi. Qu'est-ce que le théologien (1)? l'esprit universel qui sait lire, dans les phénomènes et les lois de la nature, les phénomènes et les lois de l'âme humaine, et, par tous les phénomènes et toutes les lois de la création, augurer de la vie intime de l'Être incréé? Il fait plus et mieux encore. Initié par Dieu même à la connaissance du principe absolu, il sait que tout en procède et que tout y retourne, que l'éternelle loi divinement révélée régit conformément à elle-même aussi bien le monde matériel que le monde humain.

Partout où la foi, la raison et la science coexistent, la théologie ne saurait être usée ; loin de là, elle est impérieusement nécessaire. Dans notre monde humain, la science existe-t-elle? La philosophie existe-t-elle? La foi existe-t-elle? Nous le demandons aux incroyants.

(1) Lire le panégyrique de saint Thomas d'Aquin par le père Lacordaire.

Ils ne nieront pas la science; sa puissance n'a jamais été plus active ni son autorité plus obéie. Et la philosophie, la croient-ils morte? Elle ne peut pas plus périr que la raison. Sans doute, elle est sujette à des déclins; mais, toujours occupée à construire des théories, même en se proclamant sceptique, elle ne meurt pas. Elle prouve qu'elle vit encore, puisqu'elle bâtit un système. Au surplus, il y a dans les dogmes révélés toute une grande philosophie qui ne saurait disparaître du monde, elle est impérissable comme la foi qu'elle interprète et qu'elle défend. Mais la foi est-elle éteinte? On le croit peut-être. Illusion. Est-ce une foi décrépite, celle qui se trouve gardée par la société la plus puissante, par la hiérarchie la plus compacte que l'histoire ait jamais vue? Si donc aucun des éléments de la science théologique n'est usé, comment la science le serait-elle? Non, loin de périr jamais, elle subira la fortune des trois lumières dont elle doit mélanger harmonieusement les rayons.

Toutes les découvertes dans la science de la nature, tous les progrès dans la science de l'homme, loin d'effrayer ma foi, la réjouiront au contraire en lui prophétisant des clartés plus pures et une science divine plus étendue.

La théologie n'est donc pas une science surannée, et nous ne pensons pas davantage qu'elle n'ait plus rien à dire.

Les œuvres de Dieu ne sont jamais closes. Même après le Sabbat de l'Éternel ouvrier, elles se développent et grandissent. Les espèces se succèdent; les mondes se remuent et progressent dans la lumière et dans l'unité; l'humanité croît et se multiplie; le Christ paraît; son mouvement religieux parcourt l'univers et décrit des orbes gigantesques qui enveloppent peu à peu le globe entier.

Pourquoi la théologie, qui est la lumière du Christ, s'immobiliserait-elle? Au nom de qui veut-on lui donner pour limite tel siècle ou tel génie? Il y a deux parts dans toute science : l'une invariable et fixe, l'autre mobile et progressive. Les principes sont immuables ; les conclusions se succèdent et les applications changent à l'infini. Un esprit mieux éclairé, enrichi d'éléments nouveaux, en pourra toujours tirer de nouvelles; et comme les conclusions reflètent sur les principes dont elles découlent la clarté qu'elles en ont reçue, les principes d'une science peuvent, sous ce rapport, acquérir eux-mêmes un surcroît de splendeur.

Au point de vue des principes, nous le savons, la doctrine théologique est faite. La foi ne saurait être modifiée d'un iota : les articles du symbole, les définitions de l'Église, l'Écriture sacrée, ne sauraient être changés : et il ne faut pas attendre de nouveaux évangiles ni même de nouvelles épîtres. Quant aux Pères des premiers siècles, aux docteurs du moyen âge, et aux théologiens qui les ont suivis, tous ont apporté à l'exposition et à la défense des dogmes une intelligence admirable et une philosophie sublime. Leurs enseignements forment le riche dépôt de notre tradition doctrinale; mais ce serait les bien mal comprendre que de se limiter à la lettre de leurs écrits.

Ils ne sont pas pour nous une borne, ils sont des guides; ils ne nous ferment pas la route, ils l'ouvrent plus spacieuse. Le maître n'a pas pour mission seulement d'enseigner au disciple la science faite, il doit encore lui révéler la science à faire. Nos anciens dans la foi sont nos maîtres : Dieu nous garde d'être jamais infidèles à leur esprit! Mais, tout en marchant sur leurs traces, n'oublions pas que la lumière de Dieu grandit, et qu'à l'exemple de nos aïeux, nous devons vouer notre intelligence aux progrès de la doctrine.

La théologie, immuable dans ses principes, se modifie dans ses formes et se fait à chaque siècle. Dans ce mouvement incessant, l'ignorance, les passions, les intérêts occasionnent plus d'une erreur : bien des imperfections se glissent, bien des fautes se commettent, plus d'un sophisme se mêle aux raisons solides que l'on apporte à l'interprétation du dogme ; mais le siècle suivant corrige le siècle qui a précédé, et le temps, sous l'œil de Dieu, se charge de consumer et d'emporter tout ce qui n'est pas incorruptible.

Les Pères de l'Église ont fait la théologie qui convenait à leur époque et aux erreurs contre lesquelles ils devaient se défendre. Les docteurs du moyen âge, et au-dessus d'eux saint Thomas d'Aquin, ont fait eux aussi la théologie de leur temps. Ils ont embrassé dans la plus vaste et la plus harmonieuse synthèse toute la science, toute la philosophie de cet âge, et toute la foi traditionnelle. Sous la garde de ce monument immortel les croyants ont vécu et y vivent encore. Ceux mêmes qui, aujourd'hui, ne le connaissent point, en saluent, par la pensée, les vieilles splendeurs ; on dirait qu'à six siècles de distance, cette œuvre puissante les protége et que son ombre seule les met à l'abri de toute attaque.

Les pyramides sont debout : l'Égypte n'a pas à craindre l'envahissement des sables.

Depuis la synthèse réalisée au treizième siècle, aucun essai pareil n'a été tenté. Au seizième la théologie s'est limitée aux controverses avec les protestants et a porté ses efforts principalement sur l'étude de l'Église, de la hiérarchie, des sacrements et du culte. Au dix-septième, les mêmes discussions se sont perpétuées ; mais rien d'original n'a été produit par les génies pourtant sans pareils qui en sont la gloire. Les uns se contentaient de traduire dans un grand langage la tradition divine ; et les autres, appliqués à la science ou à la philosophie, donnaient un essor nouveau à l'esprit humain avide de mieux connaître la nature et de pénétrer dans le monde de la raison qu'Aristote occupait un peu trop en maître. Au dix-huitième siècle, la théologie, en

France surtout, est devenue purement apologétique; elle a dû se préoccuper de l'invasion formidable du matérialisme et du rationalisme menaçant d'emporter dans son torrent, non plus la foi, mais la raison elle-même. Le dix-neuvième a suivi le mouvement de celui qui l'avait précédé ; ses meilleurs génies chrétiens n'ont travaillé qu'à défendre la foi sur le terrain du sentiment et de l'imagination comme Chateaubriand, sur le terrain politique et social comme de Bonald, le *premier* Lamennais et Montalembert, sur le terrain de la doctrine comme de Maistre, Lacordaire, Gratry : je ne parle que des morts.

Ne sent-on pas qu'il y a désormais une grande œuvre à accomplir, et que l'heure est venue de reprendre, en la rajeunissant, la vieille synthèse doctrinale du treizième siècle?

Nous en avons la conviction : c'est là ce que réclament, à leur insu, une foule d'esprits ; c'est le vœu secret qu'ils ne se formulent peut-être pas encore, mais qui se remue au plus profond d'eux-mêmes.

Il y a d'inexprimables tiraillements dans les âmes. On subit le prestige d'une science qui, depuis quatre ou cinq siècles, a fait des découvertes inouïes et démontré l'erreur enfantine de nos pères sur plus d'un point grave ; on croit à la raison humaine dont les faux systèmes ont été mieux connus et les lois étudiées par une analyse plus savante ; on se sent subjugué par une foi qui répond toujours à d'invincibles besoins, dont la puissance divine résiste à toutes les attaques et défie le temps lui-même : il y a des hommes qui se sentent de l'éternité par leur âme religieuse, de leur temps par leur raison et par leur science. Que se passe-t il sous leurs yeux? la guerre impie des sciences contre la philosophie, de la philosophie et des sciences contre la Foi. Cette lutte n'est pas seulement en dehors d'eux, elle est en eux-mêmes; de là, tous les troubles du dehors et tous les déchirements du dedans. Que faire? Mettez-vous sans retard à la synthèse théologique de tout le savoir humain. — Elle existe, regardez ; il y a cinq siècles qu'elle est faite. — Non, non, la synthèse du moyen âge ne saurait suffire, et voilà pourquoi la résurrection des universités est si opportune.

En veut-on la preuve? La science du moyen âge est dépassée, ruinée, réduite en poudre. Son astronomie, sa chimie, sa physique et sa physiologie, sont plus vieilles que l'armure de ses chevaliers. Quant à la philosophie, il est impossible que nous ne tenions pas compte des travaux prodigieux qui, depuis quatre siècles, ont eu l'étude de l'âme et l'Infini pour objet. Si solide que soit, dans ses bases, la philosophie ancienne, elle peut, sans s'amoindrir, prêter l'oreille à des hommes comme Pascal, Descartes, Fénelon, Malebranche, Leibnitz, et croire qu'elle apprendra d'eux plus d'une vérité. Spinoza, Kant, Hegel, et, après eux, tous les partisans du matérialisme scientifique ont formulé de perfides systèmes : de telles erreurs ne paraissent pas sans provoquer des luttes d'où la vérité sort plus nette et plus inébranlable. Il en est des hérésies contre la raison comme des hérésies contre la foi : elles confirment et mettent en relief ce qu'elles semblaient vouloir ébranler et détruire. Enfin, si la foi est restée la même, ses dogmes sont plus définis, l'architecture de l'Eglise est mieux connue, l'action de Dieu sur les peuples et la place du Christ dans l'histoire sont plus visibles.

Tout serait donc préparé pour une œuvre semblable à celle dont le moyen âge nous a donné l'exemple. Après les ténèbres du neuvième et du dixième siècle, lorsque la science parut avec les Arabes et la philosophie avec les livres d'Aristote, un mouvement invincible entraîna les esprits à mettre en harmonie cette science et cette philosophie avec la foi des docteurs. Depuis plus d'un siècle nous nous débattons dans la nuit. Avec Bacon, notre science expérimentale se crée. Avec le seizième siècle, les matériaux d'une philosophie plus large et plus puissante se multiplient : c'est l'heure ou jamais de nous mettre au labeur. Faisons la lumière dans ce chaos et accordons cette science et cette philosophie avec une foi qu'elles ne connaissent pas assez, et qui, elle-même, les ignore. Avant que la synthèse du moyen âge se créât, il s'est passé de longs jours ; entre le Maître des Sentences et saint Thomas d'Aquin il s'écoule plus d'un siècle. Combien attendrons-nous avant de voir nos universités consommer leur œuvre et produire les grands ouvriers de lumière dont notre monde a besoin ? Qu'importe ! Le temps est à nous, ou plutôt il est à Dieu ; et Dieu même sera notre force dans ce travail entrepris pour le triomphe de la vérité.

Quiconque aura compris la mission providentielle de nos universités verra combien elles resteraient au-dessous d'elles-mêmes, si elles se bornaient à l'enseignement du droit, des lettres, de la médecine, en y ajoutant ce qu'on nomme vaguement l'esprit catholique.

Il faut, avant tout, que les sciences de l'ordre divin y soient largement enseignées. Il est urgent que des chaires spéciales nous mettent sans retard en présence de toute la science théologique des anciens; les Pères de l'Église sont peu connus; le treizième siècle et la scolastique le sont moins encore; on a à peu près oublié les controverses du seizième. Il faut reprendre une connaissance précise de tout cet antique édifice, et, puisque nous devons y apporter des éléments nouveaux, il est indispensable d'en connaître tout le dessin, pour ne pas nous exposer à des hors-d'œuvre et peut-être à d'inconscientes destructions.

L'œil fixé vers le passé, nous sommes en communion intime avec l'âme de nos maîtres, et il ne nous reste plus qu'à recueillir les inspirations du présent et à nous étendre vers l'avenir.

Trois chaires seraient d'une importance capitale à ce point de vue : la chaire de philologie sacrée, la chaire des sciences naturelles, la chaire d'histoire. Il est de la plus pressante nécessité que l'étude des langues nous arme pour l'intelligence du texte de nos Saints Livres, que celle de l'histoire nous prépare à les interpréter historiquement, et que l'étude des sciences naturelles nous permette de mieux lire les premières pages de la Genèse. Autour de ces trois centres se multiplieraient les chaires spéciales qui auraient pour objet l'étude expérimentale de la nature. Une chaire de philosophie, couronnant ce vaste enseignement, le ramènerait à l'unité rationnelle, et rallierait autour d'elle toutes les chaires de littérature et de droit. Enfin, les chaires d'apologétique viendraient se serrer autour des chaires classiques du dogme, de la morale et du droit canon. Elles défendraient au jour le jour contre les attaques du dehors l'édifice menacé. On le verrait s'élever peu à peu, et il ne tarderait pas à abriter les intelligences qui, fortifiées à son ombre, iraient ensuite attaquer l'erreur et la prévenir jusque dans ses principes.

Telles sont les lignes de l'œuvre totale. Nous nous bornons à les esquisser (1). Qu'on

---

(1) Qu'il nous soit permis, pour compléter notre pensée, de tracer en abrégé un projet d'organisation d'une *École normale* du clergé, ou d'un *Séminaire supérieur* qui deviendrait bientôt une *Faculté de théologie*. Nous avons surtout en vue Paris; mais il serait facile de constituer en France quatre ou cinq séminaires supérieurs avec deux ou trois provinces ecclésiastiques groupées autour de la métropole centrale.

Vingt-cinq évêques se sont unis à S. E. le cardinal-archevêque de Paris pour la fondation de l'université libre; il y a là un élément certain de force et d'autorité qui, en peu d'années, pourrait produire une grande école théologique digne des plus célèbres de notre histoire.

Chaque évêque peut créer dans son diocèse quelques bourses destinées à entretenir constamment dans l'université catholique un petit nombre d'élèves *boursiers*, auxquels se joindraient des élèves *payants*, venus des divers points de la province. Les uns seraient choisis *librement, au concours*, parmi se pénètre seulement de l'esprit doctrinal de notre admirable religion, et la lettre viendra

les élèves sortant de rhétorique; les autres, approuvés par leurs évêques respectifs, seraient admis à l'université, *après examen*.

Le clergé ne devant pas rester étranger au mouvement de la science et de la littérature, il y aurait grand avantage à discerner les aptitudes des élèves *boursiers*, et à destiner celui-ci aux sciences, celui-là aux lettres, les autres à la théologie. Nous aurions ainsi des licenciés et des docteurs ès lettres ou ès sciences, à côté des bacheliers et des docteurs en théologie. Il serait même à souhaiter qu'on fît un an de sciences avant d'entrer dans la faculté de théologie.

Le cours de théologie embrasserait au moins six années : deux de philosophie et quatre de sciences sacrées. Quatre professeurs seraient indispensables dès la première année : un pour la philosophie, un pour les lieux théologiques, un pour l'histoire ecclésiastique, un dernier pour l'Écriture Sainte. Dès la troisième année, la Faculté de théologie peut être constituée avec les professeurs mentionnés et ceux de dogme, de morale et de droit canon.

Tel est, ce nous semble, le *minimum* nécessaire à une faculté de théologie. Ne serait-il pas facile de le réaliser sans bruit et sans trop de frais?

On devine les avantages inappréciables que trouveraient les élèves ecclésiastiques destinés aux lettres, aux sciences et à la théologie, réunis dans la même université, sous la direction intellectuelle des professeurs libres, et sous la direction morale non moins importante de deux ou trois prêtres choisis à dessein.

d'elle-même. L'âme fait le corps. L'artiste habile, quand son art le passionne, est-il embarrassé pour choisir et trouver son instrument?

CONCLUSION.

La liberté de l'enseignement supérieur va ouvrir à la vérité une ère nouvelle. Elle était captive, enchaînée, elle sera désormais affranchie; elle s'immobilisait aux mains du monopole, elle se répandra, elle se développera sous l'influence des âmes convaincues qui en ont le culte et de l'Église qui, née du Christ pour rendre témoignage à la vérité, usera mieux que personne de l'indépendance conquise. Nous sommes pleins de confiance. Qu'on nous permette, en terminant ces pages, de dire ce que nous espérons. L'avenir est le domaine réservé de Dieu, mais il est aussi celui des espérances de l'homme; et c'est un devoir en même temps qu'un besoin de l'interroger du regard : cette vue relève et encourage à l'action.

Le premier effet qu'obtiendront nos universités, pour peu qu'elles restent fidèles à leur mission, sera la concorde des esprits. Non-seulement elles ne perpétueront pas la guerre doctrinale dont on gémit; elles l'apaiseront. En effet, ce qu'elles vont combattre, c'est l'ignorance, et surtout l'ignorance de la vérité religieuse : or, de toutes les causes de nos divisions, il n'en est pas de plus active ni de plus tristement féconde. Tant qu'elle subsistera, les préjugés se multiplieront; à mesure qu'elle diminuera, ils disparaîtront. Les erreurs qui prennent naissance dans les cœurs corrompus pourront résister sans doute à la lumière; mais elles sont moins à craindre. Réunissons d'abord dans le vrai les intelligences droites, et nous aurons la paix de Dieu promise aux hommes de bonne volonté, cette paix contre laquelle ne prévaudra jamais la conspiration des sophistes et des âmes dégradées.

Quelle heure bénie et prospère que celle où nous verrons les hommes de la science divine et les hommes de la science terrestre se tenir par la main, entraîner en avant et en haut l'humanité dont ils sont les guides et les vrais maîtres! Tandis que les uns exploiteront la terre, les autres conquerront le ciel; ceux-ci parleront à l'âme, du Père qui est aux cieux, ceux-là fouilleront ce sol d'où le corps a été tiré et feront servir à l'esprit toutes les forces de la nature matérielle domptée par eux. Cette heure ne peut être éloignée; nos universités la préparent : ce qu'elles cherchent, ce n'est pas l'alliance de la croix et de l'épée, c'est l'accord de la pensée de l'homme et du verbe de Dieu.

Cet accord naîtra spontanément dans tout cœur loyal, le jour où, dépouillé de ses préjugés et affranchi de l'ignorance, il aura entrevu les splendeurs de la Foi. Ce premier bienfait aura une portée incalculable : telle est l'influence de la vérité que, partout où elle règne, elle devient un principe de force, de fécondité et de progrès.

Nous verrons apparaître les hommes complets, au lieu de ces esprits partiels et amoindris qu'une formation insuffisante et systématiquement exclusive a multipliés parmi nous. Une des plus pures gloires des universités nouvelles sera de les présenter fièrement au pays et à l'Église dans un prochain avenir. L'arbre se juge à ses fruits : les institutions qui se créent pour donner l'enseignement supérieur, se feront connaître par les sujets d'élite qu'elles auront formés. Ce sont eux qui devront prouver que la foi ne diminue point la raison, que la science divine ne rétrécit pas la science humaine, que le chrétien est plus qu'un homme, et, qu'à titre égal, l'intelligence instruite des mystères de Dieu domine de bien haut celle qui les blasphème, les répudie ou leur reste étrangère.

Jusqu'à ce que nous ayons fait nos preuves, nous n'avons qu'à travailler modestement, ardemment, sans bruit. C'est ce qui a lieu : les universités nouvelles s'honorent par des débuts où le zèle n'a d'égal que la modération et le haut esprit de conciliation des maîtres. En cette circonstance comme toujours, le calme, la justice et la plus délicate courtoisie se sont trouvés du côté de la vérité et du bon droit. Lorsque les hommes éminents, formés à la pleine lumière de la doctrine, deviendront plus nombreux, leur influence ne tardera pas à se faire partout sentir. Ils seront les vrais sauveurs de la patrie en détresse, et nous croyons que ce sont les seuls qu'il faille attendre. Il est du moins permis de l'espérer.

Ceux qui n'ont eu pour guide que les enseignements précaires d'une science positive, ou les doctrines d'un rationalisme étroit, ont donné leur mesure. Ils ont vu, ils voient encore décliner dans leurs mains tout ce qu'ils ont touché : la littérature, les arts, la science, la philosophie et même cette science souveraine qui régit les peuples, les affranchit et les moralise. Quoi d'étonnant ? Dieu leur manque : et l'histoire ne nous montre nulle part ni jamais de société prospère sans une haute doctrine religieuse. Là est le foyer sacré où s'allume la flamme des artistes, la source intarissable de l'inspiration qui fait chanter les poëtes; là est le dernier mot des secrets tant recherchés de la science, le suprême oracle que la philosophie ne trouve pas en elle-même; là enfin réside la force surhumaine pour créer un peuple, pour le régénérer, quand il est déchu, le conserver en équilibre, une fois régénéré, et pour tenir constamment en haleine l'humanité qui doit prospérer toujours et toujours monter vers Dieu.

N'est-ce pas une science synthétique, et par là-même religieuse, qui a élevé les pyramides, construit le Parthénon, inspiré Platon, Sophocle et Homère, dicté la loi des douze Tables, donné à Rome son organisation de fer, engendré avec le Christianisme toute une civilisation supérieure, des vertus inconnues, un art original, une poésie nouvelle, des peuples nouveaux ? Lorsque cette doctrine se voile ou disparaît, les institutions nées à sa lumière ne tardent pas à mourir : corps sans âme, elles se décomposent et retournent à leur néant.

Nous qui avons reçu la parole indéfectible du Christ, nous ne craignons pas que sa doctrine disparaisse du monde ; mais nous pouvons la voir répudiée par des peuples, trahie chez eux par l'insuffisance de ses organes ou voilée un moment derrière les nuages de l'erreur. C'est le spectacle d'aujourd'hui, et la cause première de la crise terrible par laquelle passent quelques peuples modernes.

Qu'elle se montre à nouveau, et nous ne tarderons pas à voir une terre nouvelle.

Il y a là un puissant aiguillon pour stimuler les jeunes courages et l'ambition de ces universités chrétiennes dont l'avenir est si grand.

Que les hommes de la science totale se hâtent et viennent justifier ces espérances qu'ils portent en eux et dont vivent, à cette heure troublée, tant de cœurs croyants et intrépides.

A ce point de vue, l'œuvre des universités grandit; et cette loi de liberté apparaît comme un monument sacré élevé pour être un abri à la conscience religieuse.

Qui désormais oserait y toucher? Une de nos meilleures espérances, c'est qu'il sera respecté et ne tardera pas à être le témoin de la réconciliation des intelligences sincères, un moment divisées.

Ce que le Père Lacordaire a écrit de son lit de mort sur la loi de l'enseignement secondaire, nous pouvons le redire avec autant de justesse de la liberté d'enseignement supérieur. Il est doux à notre piété filiale de reproduire ces pages immortelles et trop peu connues. On les croirait écrites à la clarté de Dieu même : la mort, en touchant de son aile les grandes âmes, les inspire souvent et leur fait parler le langage de l'éternité.

« La Révolution de 1848 avait enfin éclairé
« une notable portion de la bourgeoisie
« française, et elle avait entendu que trois
« cent mille hommes d'esprit ne suffisent
« pas pour gouverner une nation de 34 mil-
« lions d'hommes, si elle n'est pas préparée
« d'en haut par des lois qui s'imposent à la
« conscience et créent, avec le respect de
« Dieu, le respect de l'homme lui-même.
« Cette lumière était tardive, mais elle
« s'était faite et elle permit à M. le comte
« de Falloux, ministre de l'instruction pu-
« blique et des cultes, de présenter à l'As-
« semblée législative un projet de loi, éla-
« boré par une commission qu'il avait
« nommée lui-même et qui révélait, par sa
« composition seule, le progrès des esprits.
« On y voyait M. de Montalembert à côté
« de M. Cousin, M. l'abbé Dupanloup à
« côté de M. Thiers, M. Laurentie en face
« de M. Dubois, les noms catholiques mêlés

« aux noms universitaires, et tout un en-
« semble d'hommes honorables, mais rap-
« prochés de loin, et qui indiquait que la
« raison, la logique et l'équité allaient enfin
« traiter cette suprême question. En effet,
« tous ces hommes si divers d'origine et de
« croyance parvinrent à s'entendre sur le
« principe et le mode de la liberté d'ensei-
« gnement, sans même excepter de son bé-
« néfice les ordres religieux, et la loi fut
« adoptée le 15 mars 1850, à une grande
« majorité, après que la France eût gémi
« quarante ans sous le monopole d'une ins-
« titution laïque. Il avait fallu trois révolu-
« tions pour briser cette servitude, comme
« au seizième siècle il avait fallu trente-six
« ans de guerres civiles et religieuses pour
« arriver à l'édit de tolérance et de pacifi-
« cation qui fut la gloire de Henri IV, en-
« core plus que ses victoires. La loi sur la
« liberté de l'enseignement a été l'édit de
« Nantes du dix-neuvième siècle. Elle a mis
« fin à la plus dure oppression des cons-

« ciences, établi une lutte légitime entre
« tous ceux qui se consacrent au sublime
« ministère de l'éducation et de l'enseigne-
« ment, et donné à tous ceux qui ont une
« foi sincère, le moyen de la transmettre
« saine et sauve à leur postérité.

« La foi n'est pas un sentiment dénué
« d'expansion, une sorte de trésor occulte et
« avare qu'on garde pour soi dans le secret
« de son cœur. C'est, au contraire, tout en-
« semble, le plus profond et le plus commu-
« nicatif des sentiments de l'homme. Le re-
« pousser en lui, en déshériter ses enfants,
« le contraindre même à les vouer à une in-
« croyance précoce; n'est-ce pas un sup-
« plice contre nature, qui surpasse tous ceux
« que les tyrans ont inventés contre leurs
« victimes? Et lorsqu'on vient à réfléchir
« que ce supplice était infligé dans un pays
« catholique aux familles chrétiennes, on
« ne peut qu'admirer la patience d'un si
« grand peuple et admirer aussi cette main
« de Dieu qui fit choir successivement

« trois dynasties, pour amener M. Thiers à
« défendre, du haut de la tribune, cette li-
« berté qu'il nous avait refusée en disant
« autrefois : L'éducation, c'est l'empire. »

« Oui, c'est l'empire : mais lorsque le
« monopole n'existe plus, lorsque la con-
« currence est ouverte entre tous, croyants
« et incroyants, c'est l'empire donné au plus
« digne, au plus dévoué, et, puisqu'il faut
« toujours qu'il y ait lutte ici-bas, entre le
« bien et le mal, entre l'erreur et la vérité,
« quoi de plus juste que de leur dire : Com-
« battez, et règne qui peut ! Comme l'édit
« de Nantes fut pendant un siècle l'honneur
« de la France et le principe fécond de l'é-
« lévation intellectuelle et morale de son
« Église, ainsi la loi sur la liberté de l'en-
« seignement sera-t-elle la borne sacrée où
« nos dissentiments, au lieu de se résoudre
« en haines et en oppression, ne se livreront
« plus qu'une guerre légitime, d'où sortira
« le progrès naturel de la Société.

« Si une main téméraire, quelque puis-

« sante qu'elle fût, osait un jour toucher à
« cette borne plantée d'un commun accord
« au milieu de nos discordes et de nos révo-
« lutions, qu'elle sache bien que Louis XIV,
« dans toute sa gloire, n'a révoqué l'édit
« de Nantes, qu'en déshonorant son règne,
« en préparant le dix-huitième siècle et la
« ruine de sa maison. Il y a des points dans
« l'histoire qu'on ne doit plus remuer : l'édit
« de Nantes en était un, la loi sur la liberté
« d'enseignement en est un autre (1). »

(1) *Le Testament du P. Lacordaire*, publié par le comte de Montalembert.

TABLE DES MATIÈRES.

                                                                          Pages.

PRÉFACE.   V

CHAPITRE I.

De la situation intellectuelle en France.   1

CHAPITRE II.

De la cause principale de l'abaissement du niveau intellectuel en France   30

CHAPITRE III.

De la situation doctrinale du Catholicisme en France .   50

CHAPITRE IV.

Des causes multiples qui ont empêché et qui entravent encore le développement doctrinal du Catholicisme en France.   89

CHAPITRE V.

Ce que doit être l'enseignement supérieur, ou les trois synthèses doctrinales   111

CHAPITRE VI.

Ce que doit être une université catholique. 134

CHAPITRE VII.

De l'organisation des universités catholiques 155

CHAPITRE VIII.

De la formation intellectuelle dans les universités catholiques 186

CHAPITRE IX.

De la haute éducation morale dans les universités catholiques 207

CHAPITRE X.

De quelques objections contre les universités catholiques. 236

CHAPITRE XI.

De la tâche doctrinale des universités catholiques. . . 261

Conclusion 295

Paris. — Typographie Georges Chamerot, rue des Saints-Pères, 19.

www.ingramcontent.com/pod-product-compliance
Lightning Source LLC
Chambersburg PA
CBHW070618160426
43194CB00009B/1304